铜墙铁壁
——古代步兵

章毅／著

文汇出版社

目　录

引子 / 001

希腊步兵 / 003
武器和装备 / 006
军队的构成 / 007
战术与战例 / 009

马其顿步兵 / 027
武器和装备 / 033
编制与战术 / 036
名将与战例 / 038

罗马 / 047
引子 / 047
由方阵到军团以及军团的变迁 / 051
武器与盔甲 / 054

组织和战术 / 055

日耳曼 / 079
"高贵的野蛮人"——日耳曼人 / 079
宴饮时的日耳曼人 / 083
战场上的日耳曼妇女 / 085
条顿堡森林之战 / 086

诺曼征服前的盎鲁格—撒克逊人 / 094
哈斯丁会战 / 100

维京人 / 114
瓦兰吉（Varangians）卫队 / 115
全副武装的卫队士兵 / 119

瑞士步兵 / 121
武器与盔甲 / 125
战术与组织 / 126
战例：穆尔滕之战 / 129

西班牙 / 133
战术与组织 / 138
比卡特会战 / 141

宋 / 143
略谈 / 143

军制及其演变 / 154

战略 / 157

宋军的编制与战术 / 161

纯队与花队的争论 / 163

武器盔甲 / 164

战例：满城之战 / 165

明 / 172

引子 / 172

组织编制 / 177

尾声 / 188

引 子

步兵可能是人类最古老的兵种之一,其历史可以追溯到人类社会的萌芽阶段。在远古的年代,国家与城邦还没有诞生,人们还生活在部落之中,他们通常认为非自己部落的同类是危险的,与之发生冲突是非常正常的。而战争也被认为是狩猎的一种形式,只不过对象是人而非其他野兽。部落中的所有成年男子都是猎手兼战士,战斗的过程通常很短促,开始是用弓箭或者其他投射武器相互攻击,然后部落的成员肩并肩地向对方发起冲击,直到其中的一方支撑不住转身逃走为止,胜利的一方通常进行短促的追击或者根本不进行追击,然后将己方死去的成员在祭司的祝福下予以埋葬。胜利一方获得的战利品通常是一处重要的水源、一块肥沃的土地、一片猎物丰富的森林或者别的什么。伏击、包围、迂回等这些复杂的作战形式在当时还没有出现,在人类的蒙昧时期,战争更像是一场激烈的角力比赛,胜利者的奖品就是为部落赢得更多的生存资源。在这些短促而又激烈的战斗中,决定胜负的因素通常不是哪一方的人数更多,而是哪一方更有纪律,更能够忍耐战斗所带来的疲惫、痛苦和残酷,胜利属于那些能够迫使敌方后退并占领敌方脚下那片土地的人们。

在这些古老的战斗中,绝大部分参战人员都是徒步的(如果不是全部),通常战斗的形式有两种:一、突击,战士们组成密集的编队,在一条狭窄的战线上最大限度地集中兵力,用肉搏或者近程投射武器来冲垮敌方的阵型,以赢得胜利;散兵,战士们使用弓箭、投石器等远程投射武器射杀敌人,通常这些战士们都是轻装,队形也比较松散,以换取灵活机动来占领有利的投射阵地并避开敌方肉搏兵种的反击。我们接下来所说的步兵并不包括后者,只是突击步兵。

在绝大部分古代国家中,步兵都是军队的中坚,原因很简单,除了游牧部落,对于绝大部分农业经济为基础的古代国家,战马都是非常昂贵的,骑兵或者战车数量都有限,国家只能为少数战士提供这么昂贵的装备;更重要的是,步兵可以在任何环境下作战:平原的方阵、山地的松散队形、守卫城塞、甚至舟船之上等等,这些都是其他兵种所无法比拟的。

在数千年后的今天,昔日高居步兵之上的马拉战车、骑兵、象兵,要么已经从战场上消失,要么已经只能作为纯粹的仪仗队,唯有步兵依旧在战场上活跃。步兵也许不是战场上的王者,但却是战场上获胜的基础。毕竟即使在科技发达的今天,也许你按一下电钮,就能毁灭一座城市,杀死千百万人。但夺取一块阵地、控制一个地区乃至占领一个国家,都不是坦克、飞机乃至战略导弹能够完成的任务,要赢得战争的胜利,离不开那些双腿踏着土地、疲惫而又坚定地男人们——步兵。

希腊步兵

"异乡的过客啊！请带话给斯巴达人,我们尽忠血战,为祖国献身于此!"

这首短诗铭刻在希腊德摩比勒隘口(即温泉关)的狮子状石碑之上,乃是古希腊诗人西摩尼为纪念公元前480年著名的温泉关战役所作。根据希罗多德的记载,在这场战役中,斯巴达国王列奥尼达率领大约6700人的联军抵御超过他们数十倍的波斯大军,在战斗的头几天,希腊军队多次挫败波斯大军的围攻,予敌重创。但最终因为一个名叫埃彼阿提斯的当地农民为波斯人许下重赏所诱,引领波斯军队穿过一条只有当地人才知晓的小路绕到希腊军队的背后。在两面受敌的窘境下,列奥尼达让其余希腊军队撤走,只留下299名斯巴达王家卫队与700名赛比斯城邦的战士断后,最终列奥尼达本人与另外299名斯巴达王家卫队全部战死于此地。2007年上映的美国电影《斯巴达三百勇士》便是改编自叙述这段历史的同名漫画,在影片中,有大量的战争场面,描述了斯巴达勇士结成方阵,打垮了一波又一波数量上远远超过他们的敌人。当然,真实历史没有电影里表现得那么酷炫。而斯巴达人是如何以少胜多的呢?

在现代英语中,"方阵"一词的鼻祖是古希腊语中的"滚筒",顾名思义,不难看出古代战场上步兵方阵是如何作战的。在方阵中,士兵们肩并肩地组成密集队形,相互掩护形成一个整体,将敌人压倒碾碎。方阵可以说是文明种族中最早的一种步兵战斗队形。希腊人并不是第一个将自己的步兵组成方阵的民族,早在公元前3000年,两河流域的苏美尔人就曾经将步兵组成方阵,苏美尔武士们手持青铜长矛与厚木板组成的盾牌,头戴铜头盔,赤裸着上身排成密集队形,与敌人战斗。但在苏美尔的军事系统里,步兵方阵不过是弓箭手和战车兵的附庸,而且在后继者中,无论是米底、亚述、巴比伦、波斯,步兵一般起到的作用不过是保护弓箭手的活动屏障,如果说得难听甚至就是人肉栅栏。可以说,古代希腊人是西方历史中第一个将步兵方阵作为自己战术系统核心地位的民族,这又是为什么呢?

这就要从一个希腊政治学中的重要概念"城邦"说起了。英语中城邦这个单词,即"polis",其本意为城堡、卫城之意,与乡郊"demos"相对,著名的雅典卫城叫作"阿克罗波里",即"阿克罗山上的堡垒"之意,而城堡四周的邻近地区称之为阿斯托(asto),即为市区。希腊人将卫城、市区、乡郊合在一起,合称为一个"波里",即一个城邦。由于古希腊位于一个多山的半岛,领土破碎,之间陆路交通不便,所以很难像世界上许多其他文明一样形成较大的领土国家,所以古希腊是由数百个大小不一的城邦组成,不同的城邦之间有独立的文化和信仰,而"polis"后来衍生出"politics"一词,即政治,便是城邦之事。因为古希腊在公元前十世纪左右有大批多利亚人从大陆入侵进入半岛,征服了许多地方的原住民,这些人为了压制原住民与防备海盗与其他入侵者便筑城而居,这些征服者成为贵族后自然住在卫城和附近的市区,而平民生活在郊区,而通常情况下贵族掌握政治大权;而"demos"则代指平民,后来衍生出民主的意思,大意即平民也能参与政治之意。

那城邦与希腊步兵方阵战术又有什么关系呢?可以这么说,在古希腊,步兵方阵就是城邦,城邦就是步兵方阵,这两者是一个硬币的两面,一而二,二而一的关系。

看到这里,可能有些读者会觉得笔者胡说,这两者一个是军事阵型,一个是国家政治制度,完全是两码事,怎么能扯到一起去?但在古希腊,城邦并非像我们想象的那样是指某一块土地,而是这个城邦的全体公民,是一群人的集合。雅典不过是居住着雅典人的一块土地,假如雅典人离开了这块土地,迁往他乡,那这块土地又会因为他的新主人而改变名字,而那块新的土地又会被命名为雅典。比如在波斯人攻破温泉关,长驱直入雅典所在阿提卡半岛时,雅典人就放弃了城市,全体公民带着祭祀雅典娜女神的圣火迁往舰队之上,有人甚至提议放弃故乡,将全体雅典公民迁往意大利建立新的雅典。这在安土重迁的中国人看来简直是不可思议,但在古希腊却是理所当然。

要注意的是,并不是所有居住在这个城邦的人都是公民,奴隶、女人、孩子、外国人都不是城邦的公民。在雅典全盛时期,阿提卡半岛一共有四十万以上的人口,但公民不超过三万人,而且只有父母双方都是雅典公民才能成为雅典公民。由此可见城邦是一种排他性、内聚性极强的小集团,这种小集团与公民、公民与公民之间的关系是非常紧密的。从某种意义上讲,城邦就是公民的家长和庇护所,是公民的一切,公民在城邦内部是几乎没有个人自由和私人空间的,其义务也是绝对而非相对的,与现代社会的社会公民有着巨大的差异。比如,在希腊城邦中,不婚是被禁止的,因为公民有义务为城邦生产出后代,斯巴达干脆禁止晚婚,更不用说独身主义。公民的教育、婚姻、服饰、饮酒、娱乐都受城邦的限制。在城邦的利益面前,个人的私利必须割舍。柏拉图的《理想国》一书中干脆认为应该将所有城邦公民的孩子集中起来一起抚养,禁止公民自己抚养自己的孩子,以免公民们会过于疼爱自己的孩子,导致城邦内部的矛盾。其他城邦干涉个人生活的更是屡见不鲜,比如一次斯巴达打了败仗,公民死伤甚多。监察官发出命令,所有战死者的父母面对公众必须笑容满面,庆幸他人儿子生还;而生还者的父母见到战死者的父母,则必须哭泣,为他人失去儿子而悲伤。像这种在今天看来匪夷所思的事情在古希腊世界的城邦中却是理所当然,因为在古希腊人看来,城邦的利益高于一切,当与其发生冲突时个体的牺牲理所当然。

既然如此,而所有的古希腊城邦里,公民最重要的义务就是在战时拿起武器保卫他。在斯巴达,干脆规定所有的全权公民的唯一职业就是军人,镇压国家农奴希洛人是他们的最大任务,没有强壮体魄成为军人的孩子直接被丢进山谷摔死;即使是在较为"温和"的雅典,也规定从17～59岁的男性公民都有在战争中当兵的义务,考虑到古代的人均寿命远低于现代,几乎可以说是终身兵役制。既然城邦指的不过是全体公民,那在所有成年公民都要拿起武器成为方阵里的一员的古希腊城邦,方阵与城邦不就可以划等号了吗?

在古希腊方阵中,每一个公民使用的武器、盔甲都差不多,哪怕是指挥官,他们在战斗的任务也不过是在开战前发表演说,激励士兵的士气,唯一的特权也是开战后站在第一排,身先士卒地冲杀,而不是骑在高头大马上,或者站在战车上指挥调度军队。方阵就是武装的城邦,是一个公民战士的平等复合体。他们的士气和凝聚力是任何征募军队、雇佣军或者职业军人都无法达到的。这才是古希腊方阵威力的秘密。

武器和装备

一个希腊重装步兵的基本装备包括一个可以保护全身的大圆盾牌(阿尔戈斯盾牌)、头盔、胸甲、颈甲、保护小腿的胫甲、长矛,有时候还包括一柄短剑。不难看出这一整套装备加起来十分沉重,如果没有非常强健的体魄,是无法成为方阵的一员的。

阿尔戈斯盾牌呈浅碗形,最初是木盾,边缘包铜加固,后来整体包铜。直径约为80～100厘米,盾牌背部有两个把手,包括一天横过盾牌中心,可供左臂插入至肘部的长皮带,以及另外一条位于外侧,可供手抓的绳索或者皮把手,所以盾牌可以牢固地固定在左前臂上,而碗形则可以很舒服地搁在肩膀上,更易于行军时携带。在盾牌的外侧一般会画上各种妖怪或者怪兽的头部。一般来说盾牌是使用数层薄木板胶合而成,这样不但利于加工,而且更不容易变形。

头盔的防护是十分严密的,最常见的科林斯式头盔保护了整个头目和面部,只有为眼部和口部流出了"T"字形的裂口,后期还加上了护鼻。在头盔的顶部有装饰用的羽冠。后期的阿提卡式与色雷斯式大体结构相似,不同的是露出了耳部,以增强士兵的听力。可以看出头戴这种头盔的士兵在受到良好保护的同时,视野也非常狭窄。

颈甲与胫甲一般都是铜质的,但是胸甲就有各种质地了,最好的是铜制的,但更多的是亚麻质地的,铜胸甲是用铰链彼此固定的胸甲片和背甲片组成的,有时还有一块半圆形的下垂甲片来保护腹部。而亚麻甲使用多层胶合的亚麻布制成,约有5厘米厚,有保护腹部的下摆。

长矛:这是希腊重装步兵的最主要武器,可以用于肉搏和投掷,其长度大约为2.5米左右,枪头为叶状,除了刺杀,也可以割伤对手。枪杆的尾部有铜质的尾钉。这样不但可以配重平衡,而且必要时还可以用于刺杀渗入方阵内部的敌人,因为在方阵内,士兵与士兵排得十分紧密,几乎不可能掉转枪头刺杀敌人。

短剑:从现有的考古成果来看,古希腊重装步兵所使用的短剑种类很多,但是从公元前五世纪开始,主要有两种:一种是笔直形状,叶状剑身,双刃,长度约为60厘米,主要用于劈砍;而另外一种则是长65厘米,单刃,弯曲如狗腿形状,与今天网上十分普遍的俗称"狗腿刀"的廓尔喀弯刀颇为相似,据推测应该是从伊特鲁利亚人和马其顿人传播而来。这两种短剑都只是方阵士兵的后备武器,一般来说只有在长矛折断或者方阵被打散进入近身战后步兵才会使用短剑厮杀。

军队的构成

毫无疑问,从公元前6世纪开始,组成方阵的重装步兵在绝大部分古希腊城邦都是军事力量的核心,但这并不意味着古希腊军队只有重装步兵方阵一个兵种。原因很简单,如果某个读者将那一整套家什套在自己身上,然后拿起长矛短剑大圆盾牌,就算只站在原地什么都不干也坚持不了多久,更不要说还要长途行军厮杀了。就算古希腊的步兵个个都如同电影《斯巴达三百勇士》里那些披风猛男那么强壮,穿上那一整套盔甲也能纵跃如飞,可是穿戴上那种只开一条"T"形缝的头盔,估计能看得到的也就眼前一小块地方,厮杀起来肯定要吃大亏。所以重装士兵如果离开了方阵落了单,就非常脆弱,他们的力量来自相互掩护,万众一心的那种冲击力,而不是个人的装备与武艺。但是这又带来了另外一个问题,组成方阵的重装步兵一般只能在平地机动,如果崎岖的山地步兵方阵就无法保持队形机动了，而在希腊半岛上有大量的崎岖不平的山地。那古代希腊人是怎么解决这个问题的呢？

按照历史记载，公元前594年，古希腊七大贤人之一的梭伦将全体雅典公民按照财产收入的多少划分为四个等级：第一等级年收入超过500麦斗；第二等级年收入超过300麦斗；第三等级年收入超过200麦斗；第四等级年收入低于200麦斗。第一和第二等级打仗的时候自备马匹和武器当骑兵；第三等级自备武器当重装步兵；第四等级当轻装步兵和水手，不用自备武器，只带棍棒，有时候雅典人还雇佣斯基泰弓箭手或者克里特岛投石手作为自己的远程投射部队。由此可见，古代希腊的陆军是由重装步兵、轻装步兵、骑兵、投射手组成，由于古希腊地形多山，缺乏足够的马匹而且当时还没有发明马镫，当时雅典骑兵的数量很有限，主要的工作是侦察，最多是保护己方重装步兵方阵薄弱的两翼，或者驱逐敌方的轻装投射部队对步兵方阵的袭扰。而第四等级组成的轻装步兵在战时就担任警戒，保护方阵薄弱的两翼、进攻前向敌方方阵投掷石块或者标枪、杀死敌人伤兵，保护己方伤兵乃至后勤运输呐喊助威等任务。

斯巴达的方阵分为六个大队，每个大队由4个中队、8个分队、16个小队组成，每个小队36人。通常情况下，每个小队会排成3乘12的小方阵，小队长站在最右侧，而他的副手则站在最左侧，这样可以确保即使在战场上每个人也都可以听到他们的指挥声。然后每个小队与相邻小队并排展开，便能形成方阵的正面。依照这种排列方式，斯巴达军队在遇到敌军时，只用让每个小队依次前进至相邻小队靠拢便可以由行军队列展开成战斗队形，这在交战时是非常重要的。

当然，斯巴达人也会根据战场的具体情况调整方阵的纵深，一般来说，方阵的纵深在六行与十二行之间变化，这可以通过调整小队的队形做到。方阵的纵深越深，那么他的冲击力也就越强，受过良好训练的希腊重步兵组成的方阵在战场上是十分可怕的，如果用一个形象的比喻来说，方阵那就是一个压路机，任何挡在他们面前的敌人与障碍物都会被冲垮碾碎

在方阵内部，每一个步兵都用盾牌保护自己的左侧以及左侧的同

伴的薄弱右侧。而自己的右侧则由自己右手边的同伴保护，整个方阵就好像鱼鳞一样。所以在交战的时候，士兵都会本能地尽可能靠拢自己右侧的同伴，因为这样才能让自己得到最好的保护，而最右侧的步兵则尽可能让自己距离敌人的长矛更远一点，所以在具体交战时就会出现两军的右翼都过度伸长，超过对方的左翼，伟大的底比斯将领埃帕米农达受此启发，发明了著名的斜线战术：即不是平均的分布兵力，而是集中兵力加强方阵的一翼，然后让另外一翼拖后，牵制敌人，用加强的一翼摧毁敌军一翼后，迂回包围赢得全胜。

战 术 与 战 例

希腊步兵方阵的战术很繁多，但是最简单也是最基本的战术便是前推接敌，即平均分配兵力，保持阵线的平直，利用冲击力打垮敌人。以斯巴达人为例子，在交战时，方阵步兵将合着方阵内长笛手演奏的乐曲缓慢前进，其目的是为了确保步调一致，不至于打乱阵容。在方阵的后面则是拿着棍棒的黑劳士（斯巴达的国家奴隶），他们的主要工作是用棍棒打死被方阵杀伤的敌军士兵，以及保护己方受伤的士兵。有的时候，方阵士兵还会高声唱着赞颂神灵或者自己祖先的歌曲，或者用长矛有节奏地敲击自己的盾牌。在公元前六到四世纪古代地中海世界，除了希腊步兵方阵本身，很少有其他军队能够在正面抵御住希腊步兵方阵的冲击。

当然前推不是步兵方阵的唯一战术，经过严格的训练，希腊重步兵方阵可以完成相当复杂的队形变化。比如斯巴达人就曾经在一次与敌军交战时让方阵的右翼佯装后退，吸引当面敌军进攻然后攻击敌人前出部队的侧翼将其击垮。在遇到敌军使用镰刀战车（看过电影《角斗士》的读者会有印象，这是古代战车发展的最高形态，疾驰中车轴两端转动的利刃甚至可以将敌军腰斩，古代近东民族很多喜欢使用）发起冲击时，方阵可以松开队形让出给战车通过的道路，然后乘其减速转向时用标枪将其摧毁。在旷野行军时假如遭遇敌人的骑弓手或者轻装步兵时，重装步兵也可以变成空心方阵行军，而将辎重车辆与驮畜放在当中保护起来。

希腊步兵方阵正在交战，左方行列中吹奏乐曲的便是长笛手。

方阵与方阵之间的战斗是极其血腥的。当方阵与方阵接触的时候，士兵们将自己的肩膀抵住盾牌，用力向前推，企图将对面同样做的敌人压倒，或者举起长矛，从盾牌的上方向下刺杀，企图杀伤敌人。而后面几排的步兵虽然无法使用长矛杀伤敌人，但会用力向前挤，把自己的力量通过前面几排同伴传递过去。在这种相持战中，对于方阵内的士兵来说最危险的不是敌人的短剑和长矛，而是被挤到或者摔倒，因为双方前面几排士兵都受到盔甲和盾牌的良好保护，人与人之间的狭小间隙也根本无法让士兵有足够的空间来加速武器刺穿敌人的盔甲，所以只要队形保持完整，即使是第一排的士兵被杀死的可能性也不大。但一旦士兵摔倒或者被推倒在地，他就很难有机会再站起身来，由于躺在地上无法退避敌人的刺杀，敌人可以用短剑或者长枪的尾钉可以轻而易举地刺穿倒地士兵的盔甲。而更可怕的是践踏，践踏会造成内脏破裂或者骨折刺穿内脏内出血而亡，战场上一旦有人倒地，双方都会尽快冲向阵线空缺的所在，倒地者很难逃脱践踏。根据现代考古学家考察一处古希腊战死士兵集体坟墓的结果，相当一部分死者的骨骼上都有折断的痕迹，尤其是肋骨和大腿骨，显然是践踏的结果。

在方阵中，双方的士兵是处于一种精神高度紧张的状态，头盔在保护了他们的同时也夺去了他们绝大部分视力和听力。可以想象一下，如果你身处方阵之中，耳边满是喊杀声与惨叫声，鼻孔里只能闻到灰土和血腥味，眼睛只能看到不到六分之一平方米的地方，脚下到处是敌人或者同伴的尸体。一支短剑、一根长矛、一次失足随时都可能夺走你的生命。而你却要忍受这一切守住自己的岗位，因为方阵的力量就在于每一个成员的团结一致，一个小小的缺口就可能导致整个阵线的崩溃，甚至整个战役的失败。只有极其巨大的精神能量才可能忍受这一切，这是由希腊人特有的城邦制度才有的。由此就不难理解为什么使用方阵这种阵型的民族很多，但是能赢得巨大军事声誉的古代希腊人却是第一个。

从上面所描述的场景，读者们不难看出在这样的战斗中指挥官是起不到多少作用的，方阵中的士兵在战斗中几乎什么也听不见，什么也看不见，他们在绝大部分时候是被身后的人推动向前的。决定胜利的与其说是谋略，更多的是勇气、坚韧以及训练。在斯巴达军队中，国王的位置干脆就是在第一排，而失去了国王的斯巴达人唯一的出路就是要么赢得胜利，要么一同战死，假如他逃回自己城邦的话，他的亲人会给他举行葬礼，因为在他亲人的心目中，他已经是个死人了，他唯一的选择就是离开自己的城邦，成为一个流亡者。而对于一个古代希腊人来说，被从城邦里驱逐出去失去公民身份简直比死刑还要残酷，这意味着他失去了财产、家人、朋友还有城邦，被暴露在充满了恶意的世界里，随时都可能受到攻击、沦为奴隶，除了他手中的武器，再也没有什么可以保护他。

一般来说，在伯罗奔尼撒战争之前，发生在两个希腊城邦之间的战争，时间是很短暂的，通常只有一天，甚至一个上午或者一个下午就结束了，即使加上交战前的行军和对峙，所有时间加起来也不会超过半个月。战争的原因通常只是因为一片葡萄园、一块肥沃的土地、几千棵橄榄树、几条船的归属，双方都不谋求彻底征服对方。在战斗前，双方约定一块平旷的空地，在投射手相互投掷一阵标枪和石块儿后，两边的重装兵方阵就随着乐曲声相互冲击，冲垮对手的便是胜利者，胜利的一方在掩埋了己方尸体后，在战场上竖立胜利的纪念柱，就返回了，也很少追击对手，更不要说围攻屠城了。

在这种简单的战争中，斯巴达人在古代希腊是无敌的，这并不是因为他们在武器和战术上有什么不传之秘，而是他们有着特殊的政治制度。因为这种重装步兵方阵比赛比的其实不是哪一方士兵多（大部分城邦的公民总数不过超过三万人，再多作为一个城邦就太大了，其中有承担重装步兵财力的就更少了），也不是哪一方将军韬略出色，而是哪一方的方阵内部矛盾更小，更加团结一致，甚至运气更好。在斯巴达的莱库古改革之后，每一个公民土地是城邦分配的份地，由希洛人替他耕种；吃饭是在公共食堂；穿衣服也非常简单；即使是国王的生活也和普通公民没有太大区别；甚至连货币都是用醋浸过的铁制成，出了斯巴达就是废物；如果某个人的生活过于奢侈，监察官就会来找你的麻烦，哪怕你是国王之一（斯巴达有两个国王）也一样。公民唯一的工作就是锻炼身体，准备作战。在这种情况下，自然没有谁会琢磨着积蓄财物，公民们也不会因为争夺财产而发生矛盾，战场上也能一心战斗，这才是斯巴达人屡战屡胜的真正缘由。

公元前五世纪的希波战争是一个分水岭，古希腊城邦遇到了新的敌人，来自伊朗高原的波斯人在征服了当时已知的几乎整个文明世界后，建立了一支多民族、多兵种协同的庞大军队。在波斯人的军队中，弓箭手才是军队的核心、最大的火力输出单位，战车和骑兵担任主要突击的任务，步兵只是承担组成人肉屏障保护弓箭手的任务，当然，波斯军队中最大的一部分是各民族的仆从军，这些战斗力堪疑的军队除了可以当作炮灰，还有消耗帝国的潜在敌人的作用。

公元前五世纪初，波斯帝国在征服了吕底亚之后，向位于小亚细亚的希腊殖民城邦发起进攻，以米利都为中心的希腊殖民城邦向希腊本土母邦求援，但只有雅典与埃维厄出兵支援，不过众寡不敌，到了公元前494年，波斯帝国完全征服了位于爱琴海东岸的诸希腊殖民城邦——当时主要被称为爱奥尼亚的地区。由于爱奥尼亚地区与爱琴海彼岸的希腊本土同文同种，显然对于波斯帝国来说，如果想要确保对爱奥尼亚地区的控制，征服希腊本土就是自然的选择。

公元490年（具体时间应该是8月底到9月初），波斯人由海路进攻曾经救援爱奥尼亚的雅典与埃维厄，总兵力约为两万五千名步兵和一千骑兵。当时在波斯宫廷之中有一名雅典流亡贵族希庇亚斯，此人是雅典僭主庇西特拉图之子，其父死后，雅典人在斯巴达人的帮助下将其与兄弟希帕库斯一同驱逐出雅典，实行了民主制度。而波斯国王大流士让此人这次随同波斯大军返回雅典，以期利用此人与雅典城内的反对派勾结，里应外合攻陷雅典城，而后波斯人即可利用希庇亚斯作为傀儡，控制雅典，孤立斯巴达，逐渐蚕食整个希腊。

当雅典人得知波斯人即将到来的消息时，立即向普拉蒂亚与斯巴达两个城邦求援，普拉蒂亚立即派出了大约 1 000 人的军队前来，而斯巴达则声称受到卡尼亚节的限制，必须等到九月中旬满月期过后方能出兵。而波斯军队分兵两路，一路大约 1.5 万人的主力在位于雅典城东北方向约 42 公里的马拉松平原登陆，一路大约一万人则前往埃维厄，实施围攻。雅典人得知后立即出兵，与普拉蒂亚的援兵会合后在一个环山的阿弗龙纳谷地驻军，占据了有利的地形，准备等到斯巴达的援兵到达后再与波斯人交战，雅典人的总兵力大约为一万人。而波斯人的驻扎地则在舰队旁的一个大沼泽地旁，两军之间有一条河流，相距大约为 10 公里。

数日后，一个不幸的消息传来，埃维厄已经为波斯军攻陷。这就意味着，用不了多久攻陷了埃维厄的那部分波斯军队即将赶来，他们即可以与眼前这部分波斯军会合，也有可能转而围攻空虚的雅典城。当时雅典的公民分别属于十个部落，每个部落选举出一个将军，轮流指挥作战。此时当值的将军米太亚德主张乘敌军尚未会合，与敌人决战，经过投票之后，雅典军决定立即与波斯人决战。

公元前 490 年 9 月（可能为 21 日），雅典军组成两个平行的纵队，渡过了两军之间的那条河流（即卡拉德拉河），进入了马拉松平原，然后旋转就成了横队。波斯人看到后，也将兵力展开，两军的距离不超过 8 个"斯塔德"（1.6 公里不到）。战场位于卡拉德拉河与"小沼泽"之间，这对波斯人很不利，因为他们无法利用骑兵的优势迂回雅典军的侧翼。由于波斯军队在数量上超过了雅典军的一半，雅典军加强了自己的两翼，以避免对方利用优势兵力包围。雅典军的两翼为五列，中央为四列；而波斯军队则都是五列。

波斯的军队是由"十人队"为基本单位组成的，所谓十人队是由一名装备柳条编成的长盾牌、铁甲、长矛的队长与九名弓箭手组成的，箭手除了弓箭与短刀外，便再无其他武器。战时队长便将长盾牌支在地上，自己手持长矛在后，形成一条屏障；而其余的弓箭手则在队长身后，以不同的角度向敌人射箭。也就是说，波斯军队最主要的威力是来自于弓箭手的"火力"输出。

波斯十人队阵型

在雅典军一方,首先由祭司在士兵们面前宰杀了牺牲,经过仔细辨别后,宣称天神给予了吉祥的征兆。这在当时的战争中是不可或缺的一环。在古代希腊人看来,战争不光只是将军和士兵的事,城邦的神同样也会参与其间,当战争失败城邦沦陷,神灵的庙宇也会被摧毁,财宝会被抢掠,而神像会被砸得粉碎,神灵、军队、城邦乃是一体的。同时,这也能极大地提高士兵的士气,否则谁能忍受在箭雨下面冲锋呢。

在得到吉兆后,雅典军开始进攻了。由于波斯人的主力是弓箭手,那么雅典军应该尽可能快地接近敌军开始白刃战,但无论是什么人,也不可能身穿重甲,狂奔1.6公里还能保持方阵队形不散乱。于是雅典人是用慢步走到弓箭的射程(大约150步),然后再发起冲击。显然,位于中央部分的雅典军会遭到更密集的箭矢攻击,无形之间,雅典军的阵型变成了中间凹入,两端突出的半月形。而本来雅典军的中央就比两翼要薄弱,于是就仿佛中央出现了空洞,波斯军便向中央突入,迫使中央的雅典向后退却,从而也将雅典军的两翼向内收缩,从而形成了两面包围的局面。雅典重步兵密集的方阵冲破了波斯军的柳条盾牌防线,而被两边挤压的波斯军却因为队形过于密集,无法做有秩序的后退,重组战线,秩序大乱。在这种近身的肉搏战中,只有短刀弓箭的波斯士兵无法与长矛大盾牌的雅典士兵对抗,向自己的舰队逃跑。雅典军追击,在海岸又发生了一场激战,夺下了7条波斯战船。整个马拉松战役,雅典军一共战死192人,其中包括他们的总司令卡利马科斯,另外还有一名将军——伟大的悲剧家埃斯库罗斯的兄弟也战死了,显然在整个战斗中,雅典人的将军更多是作为一名身先士卒的战士而非运筹帷幄的指挥官。而波斯人一共损失了4 200人左右。不过值得注意的是,在《希波战争史》中没有记载来援助雅典的盟军普拉蒂亚人的死伤,伟大的希罗多德在这个方面可不太厚道。

马拉松平原上的战斗并不意味着整个波斯入侵的结束,波斯人的舰队上还有大约一万士兵,假如他们从海上入侵雅典城,扶植希庇亚斯上台成功,那马拉松的胜利也会化为乌有。据说当时胜利的雅典军有人看到位于马拉松平原西北方的彭提孔利山上有人用圆盾发出一个反光信号。具体信号所代表的内容已经不可考,但当时的雅典将军普遍认为这是雅典城中的亲波斯派别已经准备停当,准备发难,遂发信号给海上的波斯军。于是将军米太亚德便让著名的长跑运动员斐力庇第斯以最快的速度将马拉松战役胜利的消息送回雅典城,以打消城内的阴谋。斐力庇第斯本已带伤,但慨然接受了任务,在将消息送回雅典后,便当即死去,这也是著名的马拉松长跑的由来。同时,雅典军也以最快的速度返回雅典,海上的波斯军看到无机可乘,只得向亚洲驶去。

在波斯的第一次入侵中,波斯人的军略颇有可圈可点之处,但雅典人则用他们的勇气、刚毅击退了敌人的进攻,在这场初次的交锋中,长矛战胜了弓箭,勇毅战胜了谋略。

第一次波斯入侵失败后,正好波斯的属地埃及发生了叛乱,而大流士一世还没有决定是先平定埃及的叛乱还是入侵希腊就突然死去,他与波斯开国之主居鲁士一世的女儿的儿子继承了"万王之王"(中东地区至高君主的称呼)的宝座,就是薛西斯一世。这位年轻人在登上宝座之后,花费了数年时间重新征服了埃及,解除了侧翼的威胁。传说此人的作为与我国春秋时吴王夫差颇为相似,继位之后他便让一名侍从每天提醒他:触犯了自己父王威严的雅典人和斯巴达人还没有受到惩罚,以免自己将这个耻辱遗忘。当公元前480年,他已经重新征服了埃及,巩固了自己的基本控制区域,便将目光重新转向希腊来,开始从自己的属邦那里征集士兵与舰队。

得到波斯人即将入侵的消息,希腊人以两个最强大的城邦斯巴达与雅典为核心建立了联盟。但围绕设防的地点,联盟中却分成了两派争执不下——是在位于希腊中部的德摩比勒隘口还是位于伯罗奔尼撒半岛的科林斯地峡。绝大部分伯罗奔尼撒半岛城邦都倾向于科林斯地峡设防,理由是那里地势狭窄,波斯人无法发挥其数量的巨大优势;而雅典等其他国家则坚决反对,因为那样就等于把自己的城邦放在防御线之外,任凭波斯人荼毒,而斯巴达和其他伯罗奔尼撒城邦也不愿意去温泉关防御,因为那意味着远离自己的家园替别的城邦卖命流血。由此不难看出古希腊城邦那种致命的分离倾向，这在后来成了整个希腊文明的致命伤。

争论不休之下，斯巴达与他的盟友们做出让步，决定在位于希腊中部的德摩比勒隘口（即温泉关）设防，因为如果他们不让步的话，雅典与其他希腊国家就会丢下他们单独与波斯人议和，最终伯罗奔尼撒诸邦也都会完蛋。同时以一支舰队封锁阿拉米松海岬，防止波斯舰队从海上绕过隘口从守军背后登陆。不过斯巴达只是做出了一个让步的姿态，因为他派往隘口的军队数量很少，绝大部分军队都留在科林斯地峡，不过由国王之一列奥尼达率领300王家卫队亲自前往，显然这个象征性的行动是为了堵住其他盟友的嘴。

当时正值卡尼亚节，依照斯巴达法律，在卡尼亚节期间不能进行战争，但由于上次马拉松战役时正是因为处于卡尼亚节，让雅典人独占了击败波斯人的荣誉。当然，一种更大的可能性是为了坚定雅典人留在盟约内的决心。斯巴达的监察官决定破例，让国王列奥尼达率领一支精锐部队前往温泉关。共4 000人，其中包括299名王家卫队，900黑劳士（国家奴隶），以及另外2 800名伯罗奔尼撒同盟城邦的战士。在与部分其他城邦的友军会合后，一共6 700人前往温泉关。在出征前，列奥尼达从德尔菲求取了神签，在神签中预言他本人将战死于此处，列奥尼达是抱着必死的决心前往温泉关的。

而波斯一方的兵力至今还是个谜，据希罗多德在《希波战争史》中记载，一共超过264.161万人，光是通过赫勒斯滂海峡（今达达尼尔海峡）的浮桥就花了七天七夜。显然这个数字进行了艺术的夸张，以当时的技术条件，根本不可能维持这样一支庞大军队的补给。唯一可以确定的是，波斯军队的数量极为惊人，以至于希腊军队根本没有在开阔地上与敌军交战的信心，列奥尼达和他的卫队面对的将是从未有过的强敌。

现在也介绍一下德摩比勒隘口的大略地形，这对了解温泉关的战役过程是十分必要的。这条隘路位于希腊中部东海岸玛利亚湾与卡里德罗马斯山之间的狭窄隘路，隘路上一共有三个隘口：西门、中门、东门，而有一条小径穿过卡里德罗马斯山中，名叫阿罗培亚小路，可以迂回到斯巴达守军的背后。如果司马迁来描述当时的情况,肯定会说:"希腊有关曰温泉,车不得方轨,骑不得成列,百人守险,千人不得过,乃古今兵家必争之地。"列奥尼达将自己的主力部署在中门附近,而让一千名弗西亚兵去防守那条小路。不久薛西斯的大军就抵达了,他将自己的大军布置在西门以西的一条河流旁,并没有立即发起进攻,希罗多德在书中说薛西斯是希望可以凭庞大的数量将希腊人吓跑,不过从军事上分析更大的可能性是希望波斯海军可以击败希腊海军,通过从海上迂回来迫使敌军主动放弃隘口。

但四天过去了,波斯海军依然无法赢得决定性的胜利,狭窄的海峡限制了波斯海军的数量优势。于是在第五天,波斯军向温泉关发动了进攻,在进攻之前,薛西斯派出使者要求列奥尼达投降,声称波斯军射出的羽箭之多可以遮住阳光,而列奥尼达则笑答:"太好了,这样我们就可以在阴凉下厮杀了!"

最开始照常是炮灰——色雷斯人、米底人以及不久前俘虏的希腊人。斯巴达的方阵就好像一座不可逾越的堡垒,色雷斯人与米底习惯使用的短矛和小盾的散兵无法突破,甚至无法伤害到被大盾和盔甲保护着的斯巴达士兵,同时狭窄的地形也限制了他们惯用的"打了就跑"的战术,斯巴达重装步兵反冲击时,经常可以将成百上千的敌人赶进海里淹死。据说,斯巴达人击败敌人第一波进攻,杀死了无数敌人,但己方只失去了两三个人。

薛西斯立即投入了自己的卫队——"长生军",据说这支军队全部是由波斯老兵组成,由于每当有战死者立即补充,所以有长生军之名,他们使用的长矛尾部有金苹果状的配重,披有青铜胸甲,是波斯军队中少有的重甲步兵,承担着保护波斯大王的重任。但这支精兵也被斯巴达军队所击败。显然在温泉关这种狭窄地形下,单纯数量的优势并没有太大的意义,如果无法通过迂回攻击方阵的背后和两侧,比的其实就是双方士兵的坚韧和凝聚力,这点波斯军是敌不过斯巴达人的。而且列奥尼达并不是简单的一勇之夫,他巧妙地轮换了己方的军队,因为在激烈肉搏战中体能消耗是非常惊人的,即使是斯巴达人也不可能长时间交战而不休息。

波斯长生军

第二天薛西斯又投入了五万人,但第一天的战斗已经严重的挫伤了波斯人的士气,于是也被希腊军击退。现在形势对薛西斯变得非常不利了,因为波斯军中有大量的牲畜,他们不可能长时间停留在一个地方,人可以用舰队运送粮食,但是牲畜很快就会将当地的牧草消耗一空,如果相持下去波斯军只有撤退一个选择。而按照当时的技术条件,战船是那种船舷很低的划桨船,只能在近海活动,到了晚上就必须靠岸以避免风浪,每隔一段时间就要将船拖上岸晒干。如果波斯陆军撤退,失去陆军掩护的波斯海军也必须随之后退,否则很有可能在夜里遭到海陆两边的夹击。所以,薛西斯必须短时间内突破温泉关。

这个时候一个偶然的事件发生,一名叫作埃彼阿提斯的当地农民贪图悬赏,向薛西斯禀告有一条小路可以越过卡里德罗马斯山迂回到斯巴达军的背后。惊喜的薛西斯立即让其带领"长生军"出发,经过艰苦的行军,到了次日黎明,波斯军队终于爬过了山岭,遇到了列奥尼达布置把守阿罗培亚小路的1 000名弗西亚兵。其实这个时候胜利的天平还没有完全倒向波斯人一边,因为波斯军队经过一夜的艰苦跋涉,已经非常疲劳,而且险峻的小路也没有足够的空间供展开太多的兵力,只要弗西亚兵坚定发起反击,并不难击退这支敌军。更重要的是,波斯军队是抱着迂回突袭敌人的意图出发的,突然遇到敌人的守军,那种心理上的冲击力更为巨大,于是乎两边陷入了"麻秆打狼两头怕"的局面。

这时埃彼阿提斯提醒波斯将领这些并不是可怕的斯巴达人,波斯军立即向弗西亚人射出密集的箭雨,弗西亚人不支退回山顶,波斯人也不追击,立即下山迂回了温泉关的腹背,完成了合围。

此时继续坚守温泉关已经没有意义,列奥尼达在召开的军事会议里让其他城邦的军队撤退,而自己带领王家卫队断后。根据希罗多德记载,这是因为根据斯巴达的传统,士兵决不能放弃自己的土地。不过如果从军事上分析,应该是此时必须用最坚定的部队来断后,其他的军队只会一触即溃,而且列奥尼达和王家卫队肯定是敌军盯得最紧的那部分,如果一动只会引来波斯军的全力猛攻,导致大家都走不了。结果留下来断后的除了斯巴达人以外还有另外 700 名赛斯比城邦的士兵。

最后的战斗是残酷而又没有决定性的。此时波斯人已经有了足够的空间发挥自己的数量优势了,薛西斯投入了精锐部队,从多个方向向希腊人猛攻,希腊人的方阵在慢慢缩小,但并没有被冲散。在击退了波斯人四次进攻之后,列奥尼达战死了,斯巴达人依照他们的风俗围绕着他们国王的尸体组成了一个小方阵。而赛斯比人已经精疲力竭,纷纷举手投降,但此时波斯人已经杀红了眼,立即将其斩杀。最后,在薛西斯的命令下,波斯人发射了大量的箭矢和投枪,淹没了残余的斯巴达人。在这场残酷的战斗中,波斯大王薛西斯一世失去了两个兄弟。

温泉关一战中,波斯军队损失了大约 20 000 人(也有说法是 7 000 人),而希腊军队损失的不超过 2 000。更重要的是,温泉关之战显示了以古希腊城邦公民制度为基础的重装步兵方阵只要抢占有有利的阵地,完全可以击退波斯帝国那种数量庞大,但缺乏良好组织的陆军的进攻。

对于希腊世界(即包括希腊本土及其他希腊化殖民地)来说,伯罗奔尼撒战争是第一次"世界大战",与过去的城邦与城邦之间的还保留有一些"fairplay"精神的战争不同,伯罗奔尼撒战争是一场发生在两个希腊世界最强大城邦雅典与斯巴达之间你死我活的战争,在战争中,无论是雅典与斯巴达,他们战争的目的都不简简单单只是为了一小块葡萄园、一片牧场,而是为了争夺控制整个希腊世界的霸权。而且战争不仅仅发生在城邦与城邦之间,还发生在城邦持不同政见的不同派别间,从某种意义上讲,伯罗奔尼撒战争也是一场发生在两千多年前的"冷战",一次意识形态战争。信仰民主制度的雅典与信仰贵族制的斯巴达各自带领着自己的盟友,进行了数十年的战争。为此,旧有战争的形式改变了,将军不只是想要击败敌人,更想消灭敌人,无论是精神还是肉体。要达到以上目的,光是重装步兵方阵就不够了,因为重装步兵可以冲垮敌人,但却很难追击、包围敌人,更不要说对城市进行围攻。于是,各个城邦几乎不约而同地在自己的军队里增加了轻装步兵和骑兵,并将其与重装步兵方阵结合起来。轻装步兵中最有代表性的就是色雷斯轻盾兵。

色雷斯人是巴尔干半岛最古老的民族之一，他们当时主要生活在今天保加利亚、马其顿、罗马尼亚、土耳其以及希腊的北部地区，古代著名的奴隶起义领袖斯巴达克斯便是色雷斯人的一个著名酋长。色雷斯人是天生的轻装步兵，他们戴着狐皮帽子、身穿长套衫、拿着月牙形的柳条盾，使用标枪和传统的巴尔干武器——长柄逆刃弯刀（Rhomphaia），敏捷地穿行在山中，在古代世界极为有名。无论是波斯人、古希腊人、马其顿人乃至后来的罗马人的军队中都不曾少了色雷斯轻盾兵的身影。

色雷斯长柄逆刃弯刀，即 Rhomphaia，这种武器是一种长柄的双刃弯剑，正反面皆可劈砍，可单手也可双手，集中了剑、长兵器、镰刀的特点，威力十分恐怖，一下可以把人的四肢砍断，就算砍穿盾牌也是常有的事情。后来罗马军团士兵与色雷斯军队交战时，甚至专门加强四肢和肩膀的甲胄以抵御 Rhomphaia 的锋芒。读者千万不要被图片上色雷斯 Rhomphaia 看起来纤细的样式所欺骗，这种长柄刀与我国古代的朴刀不同，从刀尖到柄都是铁制，浑然一体，只是长柄刀加装骨质或者木质的薄片以利于抓握，从某种意义上讲，Rhomphaia 应该将其当成一种战斧和长剑的混合体。

在伯罗奔尼撒战争前，虽然希腊城邦大部分军队中也有部分轻装部队，但这些轻装部队往往是最穷困的那部分公民（雅典）或者干脆是方阵中重装步兵的奴仆（斯巴达），这自然限制了轻装部队的战斗力。但在伯罗奔尼撒战争开始，各个城邦都开始大量雇佣色雷斯人或者其他民族来作为轻装部队来加强自身的军队。雅典人就是其中之一。在面对传统的重装步兵方阵时，轻装部队一般采用一种古老的战术，他们把自己分成小队，轮流靠近方阵，向敌人投掷标枪，当敌人向自己冲来时，他们转身逃走。由于他们没有穿盔甲，手中的盾牌也要比重装步兵轻得多，所以他们可以轻而易举地逃脱敌人的追击。当敌人停止追击，轻装部队再回过头向敌人投掷标枪，直到敌人无法坚持下去为止。这种战术很像是一群猎手在捕猎猛兽，不过此时他们捕猎的目标不再是大象或是野牛，而是他们的同类。显然，仅仅依靠轻装部队是无法赢得一场战争,在大规模的会战中,皮盾兵是不可能抵抗重装步兵方阵密集冲击的,Rhomphaia虽然锋利,但也无法组成密集的方阵,因为根本没有挥舞的空间,无法对抗密集的长矛,而且为金钱而战的色雷斯人是无法忍受方阵肉搏战的艰苦的。但是在山地作战、争夺某块区域控制权的散兵战中,轻装步兵是非常有用的。

公元前425年,雅典将军狄摩西尼就在战场上实践了这种新的战术,他率领着800名色雷斯皮盾兵、800名弓箭手和850名重装步兵,去罗斯岛上去对付他们的老对手斯巴达人。他并没有像传统的做法那样用自己的重装步兵与敌人做殊死的决战,而是先将自己的轻装部队分成两百人一队派到高处,然后从高处反复向斯巴达的重装步兵进行袭击,当斯巴达人追击这些轻装部队的时候,轻装部队便退回到不适宜重装部队行动的山地。在这种反复的袭扰中,斯巴达人被打败了,他们不得不退入一个要塞,不久在饥饿中向雅典人投降了。在整个战斗中,雅典的重装步兵都只是起到了保护己方辎重和压迫敌方方阵的作用。这说明,在新的战争形势下,旧有的重装步兵方阵必须做出改变。

公元前395年,科林斯战争爆发了,雅典和科林斯结盟对抗斯巴达。面对新出现的色雷斯轻装兵和斯巴达重装方阵,雅典将军伊菲克拉特斯对本国的重装步兵做出了改革。经过改革之后的希腊重装步兵取消了保护小腿的胫甲,将青铜盔甲改为亚麻甲,原有的阿尔戈斯圆盾牌改为小而轻的圆盾牌,头盔也改为新式的色雷斯式样,这给予士兵更好的视野。同时他增长了长矛的长度,改为3.6米。总的来说,伊菲克拉特斯的改革是以降低防护为代价,提高了重装步兵的机动性;而且在减小盾牌的重量后,可以空出双手来使用更长的长矛,以提高方阵的冲击力。

显然,这种新式的重装步兵更适应新式的战争,新的战争不再像过去那种老式的城邦战争,交战的地点距离城邦不过一两天的路程,从开始到结束也就半个月,作战的形势也不再是简单的方阵对冲,在很多时候,方阵必须应对机动性更强的敌人。他要求重装步兵有更高的机动性,有更强的冲击力。伊菲克拉特斯改革之后,按照方阵前一排和后一排之间保留一米间隙计算,在方阵第一排士兵的前面还有第 2、3、4 排士兵的长矛,方阵的正面就好像一头发怒的豪猪,一旦发起冲击,旧式的重步兵方阵是无法抵抗的。而轻装皮盾兵则担任填充方阵间隙的任务,在伊菲克拉特斯手中,希腊步兵可以说发展到了顶峰。但由于波斯人的平衡外交政策,不允许任何一个希腊城邦稳固地控制希腊的霸权,波斯人在雅典与科林斯人赢得优势后,转而支持斯巴达,迫使其与斯巴达签订和平条约。斯巴达人的霸权只是被削弱,而没有被摧毁。摧毁斯巴达霸权的任务落到了一个底比斯人的身上,这便是伊巴密浓达——最伟大的古希腊军事家,甚至可以说是最伟大的古代希腊人。

正如落入地平线前的夕阳往往会焕发出最绚丽的光芒,在希腊文明即将被马其顿征服前的时候,涌现出了伊巴密浓达这样一个极其伟大的人物。他拥有古典时代一个伟大将领所需的一切才能:强健的体魄、高超的辩术、高超的军事才能和政治才能,更罕见的是还有极高的个人操守,这超出了他所在的时代。伊巴密浓达虽然长时间担任底比斯的将军,但此人终身在贫穷边缘生存,却拒绝利用政治权力获取金钱利益,这对于当时的当权者来说是极其罕见的。因为在当时,当权者收取巨额贿赂是司空见惯的事情,例如马其顿国王腓力二世和亚历山大大帝都经常用重金馈赠他们的支持者,时人皆不以为耻辱。

关于伊巴密浓达有几件事情最为吸引现代人眼球:一、此人是个同性恋者,终身未娶,也没有留下后裔,最后战死时也是和自己的伴侣同时死于曼丁尼亚之战,而他麾下最精锐的底比斯神圣军团也是由 150 对同性恋贵族组成。在古希腊,同性恋是一种有着古老传统的行为,因为在古希腊的哲学家看来,女人比男人低等,男女之间的结合不过是为了繁殖后代,不可能有真正的精神交流,男人与男人之间才会有真正的爱情。神圣军团中的战士由于不愿意在战场上舍弃自己的爱人,其勇气非比寻常,数十年来在希腊有无敌的美誉。最后在喀罗尼亚一战中,由于同盟的雅典军受敌军引诱出击,放弃了有利地形,被亚历山大领骑兵击溃,神圣军团的侧翼暴露了出来,遭到前后夹击。而神圣军团的战士履行了自己的诺言,奋勇厮杀,全部战死于沙场。事后马其顿国王腓力二世在查看战场时发现这300人的致命伤口都在胸前(无一人转身逃走)。所以有人戏言,基佬是无敌的,能打败基佬的只有另外一个基佬(亚历山大大帝也是同性恋者)。

二、伊巴密浓达创造的斜线攻击战术可以说是世界军事学术史中最伟大的发明之一。为什么这么说呢?伊巴密浓达创立了一个今天依然解决一切决战的伟大战术法则:不要沿正面平分兵力,而要把兵力集中在决定性的地段进行主攻。在伊巴密浓达的指挥下,底比斯不但在留克特拉战役中一举击败了拥有不可战胜声誉的斯巴达军队,而且在曼丁尼亚战役中,底比斯军队击败了几乎所有希腊城邦的联军,但伊巴密浓达本人也在此战中受伤不久后去世,结果底比斯的霸权也随之消逝,可以说,底比斯的霸权其实是伊巴密浓达一人的霸权。而当时在底比斯当人质的马其顿国王腓力二世学习了伊巴密浓达的战术思想,并将其发扬光大。而具有讽刺意义的是,底比斯的神圣军团也正是在喀罗尼亚战役之中为继承了其战术革新成果的马其顿国王腓力二世所击败,底比斯城邦也在腓力二世被刺杀后反叛,为亚历山大所摧毁,所有公民被卖为奴隶,城邦被夷为平地。

斜线攻击战术

在传统的希腊重装步兵方阵战术中,为了达到最大的冲击效果,要求前进时方阵的正面尽可能平直,当接敌时所有的长矛尽可能同时冲进敌方的行列中。古希腊人对其起了个十分形象的称呼:"震撼"。而方阵冲击力的大小除了取决于方阵成员的步调整齐、人心齐整外,还取决于方阵的纵深的大小,纵深越深自然冲击力越强。在伊巴密浓达之前,也有其他的古希腊将领没有平均分配兵力,加强方阵中某一部分的纵深以提高冲击力的。但他们始终没有解决一个问题,在总兵力有限的前提下,加强某一部分的同时也意味着削弱了方阵中的其他部分,那在突破敌军阵线的同时,怎么避免被敌军突破己方的薄弱点呢?

公元前374年,与底比斯结盟对抗当时希腊最强大的城邦斯巴达的雅典厌倦了战斗,独自与斯巴达议和,将底比斯置于极为危险的位置。而当时作为维奥蒂亚联盟将军的伊巴密浓达在与斯巴达议和时,斯巴达国王阿格西劳斯二世要求维奥蒂亚诸城邦必须独立,而不是由底比斯代表,这等于是要求解散维奥蒂亚同盟,将底比斯置于孤立无援的境地。伊巴密浓达则称若要维奥蒂亚所有城邦独立,那斯巴达所领导的拉科尼亚诸城邦也必须全部独立,即解散斯巴达所领导的同盟。结果谈判自然破裂,战事一触即发,当时全希腊一致认为底比斯单独对抗霸主斯巴达,已经是死路一条。

公元前371年,斯巴达国王克莱昂伯罗图斯(斯巴达同时有两个国王)领军入侵维奥蒂亚,与伊巴密浓达率领的底比斯军队在留克特拉相遇。从兵力上看,底比斯军队有重装步兵6 500人,轻装步兵1 000人,骑兵1 500人;而斯巴达军队有重装步兵11 000人,轻步兵1 100人,骑兵1 000人。在兵力对比上,斯巴达一方占有明显优势,尤其是当时决定性的重装步兵,斯巴达几乎拥有双倍的优势。

斯巴达国王克莱昂伯罗图斯采用了传统的希腊重装步兵阵型,重装步兵排成12列纵深的半月形方阵,轻装步兵与骑兵部署在两翼掩护,他本人统领精锐的斯巴达军队在方阵的右翼,而较弱的伯罗奔尼撒同盟军放在左翼。而伊巴密浓达则在仔细考虑后,决定将最精锐的"圣队"放在己方的左翼(即面对敌军统帅),同时将左翼的步兵方阵设计成厚达五十列的步兵方阵,这样一来底比斯军队的右翼几乎都是由战斗力较弱的轻装步兵组成。为了避免遭到敌军的攻击,他将整个军队的阵型排成了一个斜线,主力所在左翼向前突出,而右翼则拖后,以避免遭到敌军的攻击,而骑兵则部署在左翼的外侧。

斯巴达军队首先发起了进攻,伊巴密浓达则用左翼的骑兵首先冲击对面的敌兵骑兵,占有优势的底比斯骑兵很快击败了斯巴达骑兵,斯巴达骑兵为了寻求己方步兵的保护,退入了己方重步兵方阵,冲乱了己方的队形。伊巴密浓达乘机下令左翼进攻,厚达50列的重装步兵巨大冲量很快就击垮了斯巴达军队的右翼,斯巴达国王克莱昂伯罗图斯当即战死。在这个时候,底比斯军队的右翼还没有与敌军接触。位于斯巴达军左翼的伯罗奔尼撒联盟军看到这情景,也退出了战斗。整个留克特拉战役中,底比斯军一共损失300人,而斯巴达军损失高达4 000人,更重要的是,斯巴达此行而来的700王家卫队损失了400人,这种损失是斯巴达人短时间内无法弥补的。

留克特拉战役后,伊巴密浓达领军入侵伯罗奔尼撒半岛,通过重建城邦麦西尼亚和组建阿卡迪亚同盟,斯巴达失去了近三分之一的领土和半数的希洛人(斯巴达的国家奴隶),从此沦为二流城邦,斯巴达的霸权被彻底摧毁。

但是伊巴密浓达在战场上的胜利却无法转换成政治上的成果,这并不是因为他本人政略上的问题,而是古希腊根深蒂固的"城邦本位主义"。对于古希腊人来说,这种小国寡民的生活就是他们的理想,任何触犯这一现状的人都会遭到群起而攻之。当雅典人强盛时是这样,斯巴达强盛时这样,底比斯人强大了也是如此,即使后来在被马其顿征服了之后还是如此。在这种情况下,想推翻老霸主容易,但建立新霸权或者将霸权变成帝国却很难。所以当伊巴密浓达率领底比斯人摧毁了斯巴达的霸权之后,无数原先与底比斯同盟的城邦掉过头与斯巴达同盟,成为底比斯的敌人,唯一始终站在底比斯人一边的只有麦西尼亚人,原因很简单,他们原先都是斯巴达的国家奴隶,没有底比斯的保护,他们只会重新沦为斯巴达人的奴隶。最后的结果就是公元前362年的曼丁尼亚战役,在这场战役中,伊巴密浓达率领的底比斯人几乎抵抗着其余所有希腊城邦的敌人。

在曼丁尼亚战役中,伊巴密浓达依旧作为底比斯的统帅,而联军一方,则由被称为"最后一位斯巴达人"的斯巴达国王阿格西劳斯二世指挥。此人可谓是"斯巴达精神"的典范,据说此人在曼丁尼亚战役后,带领一小支精锐部队去埃及当佣兵,抵抗波斯人的入侵,当时他已经年过八十,但仍然与士兵同甘共苦,埃及人甚至无法分辨出谁是士兵,谁是国王。

战争的导火线是位于阿卡迪亚同盟的两个城邦曼丁尼亚与提基亚的冲突,在提基亚寻求底比斯支持的同时,曼丁尼亚则寻求斯巴达的支持。令人惊讶的是,在这场冲突中,雅典居然支持了自己的宿敌斯巴达,由此可见雅典当时是多么渴望摧毁底比斯的霸权。

战争一爆发,伊巴密浓达就迅速出兵控制科林斯地峡,企图袭击雅典派往斯达巴的援兵,雅典人则从海路将运兵运往斯巴达。伊巴密浓达在集中了自己的全部军队后,占领了提基亚,切断了曼丁尼亚与斯巴达的联系。而斯巴达方面的统帅则是阿格西劳斯二世,双方的兵力对比为重装步兵2.6万对2万,轻装步兵4 000比1 000,骑兵2 000对3 000,底比斯占有一定优势。

双方在对峙过程中,但时间显然对底比斯一方不利。原因很简单,许多城邦都暗地里支持斯巴达人,以求摆脱底比斯的控制,其他地方随时都可能爆发反对底比斯的叛乱。虽然底比斯军控制了科林斯地峡,但斯巴达依然可以从海路得到援兵。于是伊巴密浓达选择了奇袭的战术,企图派出一支精锐别动队牵制斯巴达军,然后用主力将斯巴达军队和他们的城墙隔开,然后击败敌军。但不幸的是,一个叛徒将情报泄露给了阿格西劳斯二世,阿格西劳斯二世迅速领军退回城中。伊巴密浓达不得不撤兵进攻曼丁尼亚,在撤兵过程中,雅典骑兵击溃了底比斯的偏师,伊巴密浓达失去了相当数量的骑兵。

阿格西劳斯二世随之出兵切断了通往曼丁尼亚的道路,于是决战便在曼丁尼亚城外爆发。伊巴密浓达重施故技,集中重兵于左翼,交战一开始,联军的右翼迅速崩溃。但不幸的是伊巴密浓达本人被一支标枪击中,身受重伤。因此,底比斯军没有进行追击。

在战场上,医生告诉伊巴密浓达,如果将长矛从伤口拔出,他就会立刻死去。于是他在平静的与朋友们告别之后,说:"是我离开的时候了!"命令朋友拔出长矛,安然死去。他的死也同时意味着底比斯霸权的消逝,其后虽然雅典短暂的又重建霸权,但此时已经是古希腊城邦社会的黄昏了。伯罗奔尼撒战争摧毁了希腊城邦制度的经济基础,即使是以平等、坚韧而闻名的斯巴达,到了后期拥有份地的公民也只有六七百人,组成方阵的重装步兵不再是城邦的公民而不过是身强力壮的释放奴隶或者外邦人,这样的人组成的方阵又怎么会有战斗力呢?最终,在喀罗尼亚战役中被新兴的马其顿军队所击败,希腊各城邦也成为马其顿帝国的一部分。

马其顿步兵

毫无疑问,如果在西方冷兵器时代战争史中选择最伟大的军事家的话,亚历山大大帝一定可以排在前三。这位原本不过是一个位于希腊世界边缘的小国在短短两代人的时间内几乎征服了当时已知的整个文明世界——从东地中海到印度洋的广袤土地,在这片土地上,光是用他的名字命名的城市就有数十座,其中最为有名的便是今天埃及的亚历山大里亚(即亚历山大的城市),而这一伟业的绝大部分都在13年时间里完成的,这绝对离不开亚历山大本人的军事天才。而并不为人所知的是,亚历山大大帝有一位也许在军事才能上稍逊其一筹,但在政治才能和组织才能上犹有过之的父亲,正是这个男人,在公元前336年被人刺杀时,将一支非常出色的军队和治理良好的王国交到了亚历山大手中。

公元前362年,底比斯人在曼丁尼亚战役中击败了斯巴达、雅典及其他联盟的联军,但底比斯的统帅伊巴密浓达也战死于此。这个伟大人物的死不但标志着古希腊世界最后一个霸权——底比斯霸权的结束,也意味着古希腊城邦文明黄昏的最后一缕余光的消逝,而一个原本十分弱小的北方山国乘机迅速崛起,那就是马其顿王国。

腓力二世与马其顿王国:

对于绝大部分读者来说,古代马其顿王国几乎被认为是古希腊世界的一部分。但实际上在相当长时间内,马其顿人在古代希腊人眼里不过是众多蛮族的一支,与色雷斯人、斯基泰人等同。从人种上讲,马其顿人应该是希腊人的远房亲戚,是多利亚人的一支,大约公元前1100—公元前1000年时,也就是荷马史诗所记载的时代,多利亚人由伊皮鲁斯和马其顿出发，征服了希腊半岛和许多附近的岛屿，摧毁了灿烂的迈锡尼文明，将希腊半岛拖回了数百年的黑暗时代。而马其顿人就是这些多利亚人的亲戚。当然，由于所处的环境的原因，马其顿人比他们的希腊亲戚们发展要缓慢得多，到了公元前五世纪依旧处于"巴西琉斯"的统治之下。在古希腊政治生活中，"巴西琉斯"是一个有特别代指含义的词，大意是指国王。但与汉语中国王不同的是，"巴西琉斯"特指那种从远古时代继承了神或者半神半人英雄血脉的国王，实际上就是氏族社会首领的后代，如果翻译成"神王"更为恰当，因为他们与天上的诸神有着血缘关系，天然就拥有与众神沟通的能力和资格。"巴西琉斯"有一种天然的合法性，得到贵族、平民的拥护。而在希腊城邦中施行的民主制、贵族寡头制度、僭主制度在统治的稳固程度上都无法与之比拟。

在古希腊的早期，比如《荷马史诗》的时代，全希腊都在"巴西琉斯"们的统治之下。阿伽门农就是迈锡尼的"巴西琉斯"，他传说中是宙斯的子孙，因而有"万王之王"称号。但是随着时间的流逝，绝大部分"巴西琉斯"身上的那层神秘面纱逐渐消失了，要么被废黜（比如雅典、科林斯等城邦），要么失去实权（比如斯巴达，其两个国王都是传说中大力神赫拉克勒斯的后裔，但实权掌握在五个监察官手中），所以在传统的希腊城邦政治生活中，王权要么没有，要么就极其虚弱。而在古代马其顿历史还没有发展到这一步，其国王依然拥有那种半神半人的威严，比如亚历山大大帝就自称从父系方面是赫拉克勒斯的后代，而从母系则是阿喀琉斯的后裔。其王权在政治生活中的强大程度绝非古希腊城邦所能比拟，这也影响了他们的军事制度。在腓力二世以前，马其顿王国军队的精华部分不是步兵，而是被称为"国王的伙伴"的贵族骑兵，而步兵只是作为骑兵的附庸存在。马其顿王国的主要对手也不是强大的希腊城邦，而是北面的蛮族和山民。闻名后世的马其顿步兵方阵，可以说是腓力二世一手创立起来的。

在古代世界，绝大部分英雄人物最在乎的就是自己的名声是否能流传后世，在这件事情上，腓力二世也不例外。从某种意义上讲，这个男人对于名声的渴望到了一种病态的地步，作为一国之尊，他甚至专门派人以自己的名义参加奥林匹亚赛会，以博得美名。至于以重金馈赠当时著名的哲学家、修辞学家作为顾问和幼子的教师,就更不必说了。

但腓力二世在提高声誉方面所做的一切加起来也比不上一个人的作用,那就是腓力二世的死敌,伟大的雅典演说家、修辞学家德摩斯蒂尼。拜此人所赐,腓力二世在西方古典历史上的名声相当不妙,几乎可以说是狡猾和野心的代名词,德摩斯蒂尼发表的8篇"斥腓力"(Denounce Philip)也成为抨击暴君的代名词。

当然德摩斯蒂尼的演说里也不乏偏颇之处,比如某次一支雅典使团前往马其顿宫廷,受到腓力二世盛情款待,归来后使团某成员称赞腓力二世有三个优点:说话铿锵有力、仪容英俊挺拔、饮酒千杯不醉。德摩斯蒂尼反驳说这三个优点第一个适合雄辩家,第二个是女人的优点,第三个则只配做门客,都和帝王的风范无关,这当然有偏颇之嫌。但德摩斯蒂尼对腓力二世的评价有一点没说错,这位国王虽然建立了一支十分强大的军队,但更喜欢用诡计而非征服来达到自己的目的。他最光辉的那次胜利——击败了底比斯和雅典联军的喀罗尼亚战役,从某种意义上并非他想看到的结果,因为依照他本来的计划是竭力避免与底比斯和雅典同时交战的。而德摩斯蒂尼天才的演说却说服了底比斯人与雅典结盟,共同抵抗马其顿军。是以腓力二世在赢得了喀罗尼亚战役之后,在痛饮之余,他来到战场上视察敌军留下的尸首,高声朗诵德摩斯蒂尼提议获得通过的法案起首的字句:"皮欧尼斯区的德摩斯蒂尼之子德摩斯蒂尼谨提出建议!"其得意之情可见一斑。然而在酒醒之后,腓力二世却感慨一个演说家拥有的神奇力量,在几个小时内就能把自己和自己的帝国置于如此危险的境地,让他不寒而栗。

腓力二世这种复杂的性格与他早年的曲折经历不无关系。他虽然是马其顿国王阿敏塔斯三世的儿子,不过却是最小的一个,前面还有两个兄长。按照正常的情况,他是没有机会继承王位的,因此他十四岁就被送到当时希腊的霸主底比斯当人质。显然这不是什么美差,这个时候腓力二世英俊的容貌帮了他的忙。依照古希腊的传统,年长男性与年少男性之间存在一种同性爱关系,因为爱情,年长的男性会尽其所能将自己所学的知识与技能教授给少年,同时也会给予少年保护,而少年则以青春与承诺来回报。腓力二世的爱人便是底比斯的将军派洛皮德、名将伊巴密浓达的好友，因此他能够在底比斯的那段时间里成为伊巴密浓达的学生，受过良好的军事和外交教育，这也为他后来的霸业打下了基础。

公元前364年，腓力二世返回马其顿，此时他已经十八岁，当时来看已经成年。回国仅仅一年，他就和兄长佩尔狄卡斯三世杀死了当时掌握实权的摄政王阿罗洛斯的托勒密。公元前359年，佩尔狄卡斯三世在一场和伊利里亚人战斗中死去，还在幼年的其子阿敏塔斯四世登上了王位，腓力二世成了摄政王。同年，腓力二世废除了自己侄儿的王位，自己取而代之，不过他没有杀死对方，还将自己的女儿嫁给了侄儿。

不过当腓力二世好不容易登上宝座的时候，他面临的是一个非常严峻的局面。在王国的东部地区，色雷斯人和培奥尼亚人入侵并洗劫了大片地区；而在王国的西部边境，刚刚杀死了佩尔狄卡斯三世的伊利里亚人正在蠢蠢欲动；但腓力二世最大的威胁并不是这些，雅典人占领了爱琴海塞尔迈湾的一个叫作迈索尼的重要据点，该地大概位于今天希腊东北部色萨利（Thessaly）、马其顿区（Macedonia）以及哈尔基季（Chalcidice）半岛之间，地理位置十分重要。更重要的是，雅典人扶植了一个叫作阿尔戈斯的人声称更有权继承马其顿王位，企图取代腓力二世。面对这一系列威胁，腓力二世首先通过外交手段，用缴纳贡金的办法暂时解除了色雷斯人和培奥尼亚人的入侵，随后又击败了雅典人的入侵，然后与伊利里亚达耳达尼亚（Dardania）国王巴耳底利斯（Bardyllis）的女儿奥妲塔（Audata）联姻，彻底解除了西部的威胁，此时他才得以全力对内部进行政治军事改革。

对于当时的腓力二世来说，他的敌人主要有两大部分：一部分是王国东北部和西部的色雷斯人、培奥尼亚人、伊利里亚人，以上三者其实都是古代东南欧地区诸多民族的统称，他们不断从中欧或者东欧草原上沿着多瑙河流域迁徙，无论在陆地上还是海上都依靠劫掠来获取财富，对马其顿王国的生存有着极大的威胁。

腓力二世的另一部分敌人是南部希腊世界的诸城邦。这些城邦虽然已经过了全盛期，但其总体实力依然远远胜过马其顿。尤其是这些城邦控制着从爱琴海沿岸到小亚细亚半岛西部、黑海沿岸的诸多水路要冲，几乎控制着当时整个地中海东部的贸易，拥有强大的经济和军事实力。但是这些城邦之间也在进行着极其激烈的争霸战争。为了应对以上两个敌人，腓力二世采用了不同的两种策略，对于蛮族，他一般采用先军事惩罚后联姻的策略，使其成为王国的屏障（他前前后后至少有七位王后，显然这里面有不少是出于政治目的）。对待希腊诸城邦，则是积极采用外交与军事结合的策略，拉一派打一派，夺取爱琴海沿岸的诸多要冲，介入贸易来增强己身的经济实力，并通过控制从希腊通往黑海沿岸殖民地的贸易路线（当时希腊城邦普遍粮食无法自给，与黑海沿岸的橄榄油、陶器、葡萄酒换粮食与木材贸易可以说是他们的生命线）来控制希腊诸城邦。而在古代世界，一切外交与政治策略的基础是军队。

作为伊巴密浓达的好学生，腓力二世继承了希腊步兵方阵战术的精华。但他所建立的马其顿军队并不是希腊军队的简单的翻版。大体来说，希腊步兵方阵的战术可以用"撞击"两个字来概括，城邦的公民组成密集的队形，冲垮敌人的阵型，赢得胜利，这种战术的真正威力在于方阵成员相互之间的紧密关系。伊巴密浓达的改革只是改变了兵力的部署，并没有改变"撞击"战术的实质。但受限于步兵方阵的机动速度，这种"撞击"战术很难包围敌军，在击溃敌军后也很难实施有力的追击，很难最大限度地歼灭敌军。这对于希腊城邦来说倒不是太大的问题，因为受限于希腊半岛多山贫瘠的地形，绝大部分希腊城邦都秉持着"城邦本位主义"，他们之间的战争很少以完全征服对手为目标，一般只是希望与其签订有利于己方的盟约罢了，是一种有限的战争；而在对外的战争中，由于多为岛屿与半岛的地形，希腊城邦只要控制住少数要隘，就能够抵抗从陆地而来的蛮族入侵。而由于其主要从事于工商业、矿业，并不谋求对领土大规模扩张，一般只是在沿海地带建立殖民城邦，所以这种"撞击"战术就足够了。

但马其顿王国就完全不同了，其主要领土完全在大陆上，面临着从东欧大草原定期涌出蛮族的威胁，面对这种敌人的战争是非常残酷的，环境也更加复杂，如果不能消灭对方，就会被对方消灭，所以马其顿军队必须有一种新的，能够实施歼灭战术的军队。

作为一个军事组织家，腓力二世认识到了这样一点：在军事组织之中,机动是最主要的战术性因素。在他之前,希腊人都把会战当成一个耐力的竞赛,两个方阵在相互抗衡,哪一方更能够忍受痛苦、疲劳、恐惧,能够保持自己的秩序,哪一方就能够赢得胜利。胜利的一方就在战场上修建一个纪念碑。方阵如果不解散其行列,就无法实施追击;但方阵如果解散了,又很容易被轻装部队或者骑兵所消灭。面对这个两难的问题,腓力二世认清了战场上的格斗不过是一个手段,其目的却是在追击中消灭敌人。因此他在组建自己军队的时候,就注意到了这个目的,将不同的装备的人员组成一个战术工具。重装步兵是铁砧,而骑兵则是铁锤,轻装部队是连接两者的铁链,将敌人夹在其中,打得粉碎。

为了达到以上目的,他扩编了步兵军团,使其人数增加到一万人,成为军队的中坚。马其顿步兵伴友是由亚历山大一世或者二世创立的,实际上是国王禁卫军,其战术与南部希腊诸邦无异。"伴友"(hetairoi)一词来自《荷马史诗》中的无敌英雄阿喀琉斯的 2 500 名精锐,在古代马其顿则特指那些血统高贵、与国王有深厚交情并深受信任的成员。

在古代希腊罗马社会,这种男人与男人之间的友情是十分正式的,甚至受到法律承认和保护的。比如某人如果和另外一人是朋友,那么假如某人在法庭上成为被告,此人就有义务尽其所能地帮助对方,如果他不这么做,就会受到公众舆论的谴责,甚至会受到法律的起诉;即使对方犯了罪,朋友也不能做出对其不利的证词。如果没有足够的理由(比如一方事实上背叛了友情),这种伴友关系就是神圣不可侵犯的。如果要解除这种朋友关系,必须很正式地众人面前宣布,并且说明这么做的理由。在马其顿,"国王的朋友""皇家好友"都是马其顿贵族中的终身头衔。亚历山大大帝著名的伴友骑兵便是出自此意,不少"继业者"国王如托勒密、赛琉古等人,要么本身就是亚历山大的伴友,要么指挥过持盾卫队。毫无疑问,腓力二世的做法提高了步兵在马其顿军队中的地位。这么庞大的伴友步兵肯定不可能都由贵族子弟组成,据说腓力二世选择的标准是身高体壮,无疑不少人家中并不富裕,这支部队是依靠薪饷来维生的,而且在退伍后还有土地分配,这是一个相当沉重的财政负担。毫无疑问,腓力二世建立这支军队不是吃白饭的,可以这么说,这支军队绝大部分成员的一生都是在战场上度过的。

武器和装备

伴友步兵最重要的武器就是著名的萨里沙长枪(σάρισα)。这种由腓力二世引进的长枪取代了先前使用的希腊长枪(dory)。这种长枪的长度从 3.6 米到 6.4 米。其长度大体上是是越是方阵前排的士兵就越短,越是后排的就越长,以确保后五排的长矛都可以在方阵的前排伸出形成可怕的矛林。这种长枪使用韧而且有弹性的山茱萸木所制造,其光是叶形的枪尖部分就有 50 厘米长,被攻击者想要用刀斧砍断其前端几乎是不可能的。而且在枪尾部有铜质的枪尾钉,这样既可以钉在地上抵御敌人的冲锋,也可以使得长枪的重心保持在枪的中部以便于使用,而且在枪尖折断时还可以临时用尾钉代替。为了行军方便,萨里沙长枪平时是分成两段,作战时再用铜环将其连接起来。这种长枪十分沉重,4.5 米长的便有 5.4 公斤重,而 5.4 米长便有 6.5 公斤重,显然不可能单手使用。所以方阵中的步兵无法使用希腊式的阿耳戈斯大圆盾牌,一般都只是持在右手前臂上的小轻盾(pelta),在方阵中央或者后部分的干脆没有盾牌。除此之外,士兵身上唯一的武器便是护身用的短剑,这里请读者注意的是,这种短剑与后世闻名天下的罗马军团士兵所使用的短剑(Gladius)完全是两回事,其剑刃很窄,更应该称其为匕首,最主要的作用并非战场杀敌,而是切割食物和宰杀猎物之用。

相对于富裕的希腊城邦,马其顿士兵的盔甲要差得多,他们的头盔受希腊影响很大,一般也为科林斯式样或者后期的阿提卡式样或者色雷斯式样,甲胄则多为亚麻甲,方阵的第一排会配备铜质胸甲,在方阵的中间和后面几排(不包括最后一排)干脆有的没有任何盔甲,只是简单的长套衫,戴着宽边草帽。相对于南方的邻居,马其顿方阵中的步兵防护要差一些,负担也轻得多,其防护实际上是依靠方阵本身来提供的。

持盾兵

当然,在马其顿军队中并不是所有的步兵都是按照以上方式武装起来的,除了相当数量的色雷斯或者其他蛮族雇佣兵以外,还有相当一部分持盾卫队是按照传统希腊重步兵的方式武装起来的,即较短的希腊长枪,大圆盾牌,短剑,更好的头盔和铜甲、胫甲、腹甲等等。其原因很简单,萨里沙长枪的长度和重量决定了其使用者必须组成方阵才能有战斗力,而无法承担护卫国王和一切崎岖复杂地形上的战斗任务,其战场上的机动能力也受到一定的限制。所以在有些时候,马其顿统帅也会根据具体的情况改变军队的武器,比如亚历山大大帝在东征的后期将相当一部分军队的长矛改为较短的长度,以增加士兵的机动性,很可能后来著名的银盾卫队便是持盾兵。

编制

马其顿方阵可能是西方古代最有观赏性和冲击力的步兵战术,相比起古希腊的步兵方阵,马其顿步兵方阵的冲击力更加惊人。在方阵的前方,共有四到五排长枪,后面的士兵则将长枪斜指向上方,用力摇动,以抵御落下来的箭矢。整个方阵宛如发怒的豪猪,其敌人面对的冲击可想而知,几乎没有任何一支敌军面对这样的冲击还能保持阵型。这里我想引述一个参与了皮德纳战役的古罗马将军的回忆,作为一个曾经体会过马其顿方阵威力的人,他的回忆更有说服力。

"马其顿人的方阵向我们冲过来,他们的长枪扎进了我们的盾牌,而士兵们的短剑却无法够得着他们。士兵们在投出了投枪后,就不得不用短剑对付长枪,每个士兵至少要对付十根长枪。士兵们竭力想要靠近敌人的方阵,打进一个楔子,但马其顿士兵从肩膀上取下挂着的圆盾牌,非常紧密地靠在一起,采取统一动作,用长矛向罗马人的长盾冲击。这时马其顿人的圆盾就好像一面毫无空隙的防壁,向前伸出如林般的长枪带着无坚不摧的气概,令人感到无比的惊愕和恐惧,好像没有可以与其抗衡的力量。

"由于无法在马其顿的方阵打开一个缺口,一个叫萨留斯的百夫长将鹰标丢到敌人中间,罗马士兵奋不顾身地向这个地点冲去(罗马士兵认为丢失鹰标是军人最大的耻辱,也是最大的罪行,因此在战况僵持不下的时候,时常采用将鹰标丢到两军阵前以激励士兵保护鹰标),发生了极其激烈的战斗,死伤极其惨重。但马其顿人用双手握紧长枪,猛刺敌人有盔甲保护的身体,无论是盾牌还是胸甲都无法抵挡这种武器的威力,第一排的士兵都被捅倒,后面各排的士兵只有后退,不能说他们正在逃跑,只是向欧列克鲁斯山后退。"

从上面这段引自普鲁塔克作品中的文字中,不难看出当时罗马军队面对马其顿方阵进攻的窘态。显然,在正面作战中,罗马军队无敌的短剑和投枪也不是马其顿长矛队的对手。如果不是左翼北非盟友的战象和几个老练的罗马百夫长主动率领自己手下的小股部队对敌军方阵缝隙的决死反击,恐怕罗马军队就会输掉这场决定性的战役了。要知道当时的罗马统帅是卢基乌斯·埃米利乌斯·保卢斯——当时罗马最老练的统帅,手下的士兵也都是参加过第二次布匿战争的老兵,在作战经验和主动性上马其顿士兵无法与之相比,更不要说还有战象了。而马其顿国王帕修斯在经验与指挥艺术上都无法与保卢斯相提并论,更重要的是,帕修斯不像他的祖辈,拥有一支像伙伴骑兵那样高度机动性和冲击力的力量联合作战。

由于财力所限制,从武器和盔甲上,腓力二世和亚历山大时代的马其顿步兵相较于后期"继业者"诸王国的军队来看,要差很多。毕竟这些分享了亚历山大大帝帝国遗产的国王们控制着古代西方世界最富庶的东部地中海沿岸地区,所拥有的财富远非一个小小的山国马其顿所能比拟,以至于可以让方阵士兵的武器镀上金银来炫耀。但从步兵军队的编制上并没有太大的变化,所不同的是加长了长矛的长度有时还增加了大象,以提高方阵的冲击力,战术上也使之成为"撞锤",而非"铁砧"。

马其顿方阵作战时排成很长的横队,纵深16人,士兵与士兵之间有着较大的间隔,方阵前头4至6排士兵的矛头对准前方,后面各排士兵把矛架在前方士兵的肩膀上使长枪倾斜，亦有把萨里沙长枪垂直于地面，各不相同。每个纵列的排头三人和末尾一人属于关键位置，因而选用骁勇而技术高强的士兵，盔甲也要好得多。而在方阵的前方和间隙，则往往部署投射手或者轻装的皮盾兵，以承担掩护和前哨的任务。与传统的古希腊步兵战术不同的是，马其顿军队的指挥官并不是像古希腊城邦军队那样作为方阵的一员站在第一排身先士卒。恰恰相反，马其顿军队的指挥官是骑马的，和他的骑兵卫队和步兵卫队在步兵方阵的侧后方，通常是高地上。其主要有以下几个原因：首先，虽然马其顿国王远远没有拥有近东传统的埃及法老或者波斯王中之王那种"半神半人"的地位和权力，但相比起古代希腊的城邦，其国王和贵族与普通平民的社会地位差距也要大得多。因此马其顿军队的指挥官并不是军队中"平等的一员"，因此他无需像他的希腊同行那样站在方阵之中。其次，相比起步行，骑马有更好的视野，也有更好的机动性。与以重装步兵为主体的古希腊军队不同，马其顿军队是多兵种混成兵团，需要指挥官在战斗中协调各个兵种的行动，战术要复杂得多，其指挥官不可能贸然亲自投入战斗。

编 制 与 战 术

通常来说，步兵方阵并不是马其顿军队中的全部，用一位著名的希腊将领的话说："如果将一支军队比作一个人的话，轻步兵是双手，骑兵是双足，而重装步兵方阵就是躯干。"轻装步兵是攻击敌人的利器，骑兵则是行军时保护己方行列、劫掠粮草、确保大军行进的力量（当时的无镫骑兵冲击力很弱，对成列的步兵方阵威胁很小，通常用来突袭、劫掠、攻击敌方的分散部队和收集给养的后勤纵队，或者掩护己方的行军和补给纵队，只有马其顿的伙伴骑兵是个例外），而重装步兵则是大军的基础。正如这位希腊将领所说的，由重装步兵组成的方阵是整个马其顿战术体系中的基础。

与古希腊步兵一样，马其顿重装步兵的基本单位是120～130人的连,每两个连组成一个营,四个营组成一个团,由一个千夫长指挥,而最大的编制师由四个团组成,大概由一个将军指挥。一般来说临阵时纵深为 16 行,但必要的时候可以加强,通常为 16 的倍数,比如 32 行,或者 64 行,以提高冲击力。由于马其顿步兵方阵的队形密集,又使用长达六米的长枪,一旦进入崎岖不平的地形,队形就很容易脱节,方阵的正面就会出现缺口。一旦敌军从缺口渗入或者迂回到方阵侧翼与背后,方阵士兵既无法使用萨里沙长枪(太长太笨重)和护身的短刀(太短)攻击对手,身上又没有足以抵御敌人进攻的盔甲,只有束手等死的份,很容易出现数万人的大战役因为少数几个缺口被渗入而整体崩溃的局面。

所以优秀的马其顿指挥官(比如亚历山大大帝、伊皮鲁斯国王皮洛士)都是利用地形的大师,他们都会很谨慎地将方阵置于适宜其行动的平坦地带,不会贸然将方阵投入不利于方阵行动的崎岖地带。对方阵薄弱的侧翼,则用轻装部队或者骑兵加以保护。一般来说,在战斗的开始,他们会派出色雷斯皮盾兵、斯基泰射手、克里特投石手等轻装部队攻击敌人,引诱敌军至较为平坦的地域;或者通过迂回敌人的阵地迫使敌军离开有利的阵地,然后再投入方阵和骑兵攻击。因为这些轻装部队都是雇佣来的辅助部队,打赢了固然好,就算损失了,马其顿国王失去的也只是金钱,而不会是珍贵的本民族士兵的鲜血。

待敌军进入有利的场所,方阵才会被投入战斗,其原因很简单,步兵方阵是马其顿军队的基础。在战斗中,无论是骑兵还是轻装辅助部队易胜也易败,只要方阵还在,即使骑兵和轻装辅助部队被击败,指挥官依然可以以方阵为依托,收容残兵寻求再战的机会,辎重也可以保留下来。可是如果方阵被打败了,那就一切都完了,即使骑兵完好,也只有护送指挥官逃走了,辎重会落入敌手,失去了辎重中士兵的行李(通常马其顿士兵会把自己的战利品和剩余的军饷都放在行李里),通常大部分战败一方的士兵都会选择向敌人投降。

一般来说,方阵的兵力不会在战线上平均部署,指挥官会将大部分兵力集中在某一侧,以求达到更大的"冲量",冲垮敌军的一翼。要注意的是,在马其顿的军队系统中,方阵本身往往都是承担吸引敌军注意力的任务。因为当马其顿方阵如同发怒的豪猪一般压过来的时候,敌军指挥官往往会做出机动,加强受攻击的一翼,其中央阵线或者另外一翼容易露出破绽,这个时候马其顿军的指挥官就会亲自或者让副将带领骑兵发起冲击,或者迂回到敌军的背后或者直扑敌军的腹心,赢得整个战役的胜利(附带一句,在马其顿和罗马军中副将的名称直译过来就是骑兵长官)。因此,马其顿军队中的许多著名将领都有一个共同的特点——都是第一流的骑士,无论是亚历山大大帝还是皮洛士国王乃至"继业者"中的托勒密、塞琉古,都以善骑而闻名。要知道古典时代马具还十分简陋,不要说马镫,就连高桥马鞍都没有发明,唯一能够操纵战马的只有缰绳,骑士的屁股与马背之间其实只有一块兽皮而已,没有超一流的天赋和大量的苦练,是无法在奔驰的战马上使用武器的。

但到了公元前三世纪,由于骑兵的衰落,马其顿军队越来越依赖他们的重装步兵了。为了应对侧翼和背后的威胁,指挥官通常会在方阵的后面再布置一个方阵,形成前军—后军的阵型,这样一来虽然减少第一线的兵力,但当初战不利时却可以让前军在后军的掩护下撤退,不会全败。

当面对崎岖地形时,指挥官则排出了"铰链式"的阵型,即在重装步兵连中间部署其他适应性较好的轻装部队,承担保护方阵间隙的任务。比如皮洛士在与罗马人的战斗中,就在自己的阵线中均匀布置重装步兵与意大利轻装步兵;而在公元前190年的马格内西亚战役中,叙利亚国王安条克三世则将自己的方阵排成横列为50人的小方阵,在这些小方阵中间布置了两头战象,以提高军队的冲击力。这实际上反而降低了整个军队的灵活性,使其变得更加笨拙,很多时候,指挥官不得不将重装步兵方阵投入到不适宜其机动的地域去,结果导致战败。使用马其顿方阵的"继业者"国家多次被罗马军团击败,并不是偶然的。

名 将 与 战 例

从某种意义上讲,亚历山大大帝及他的"继业者"们可以说是西方古代史上整体水准最高的一批将领,即使在整个世界古代史中,也只有成吉思汗和他的"那颜"们可以稳胜。这批指挥官的涌现并不是偶然的,腓力二世时代的马其顿人相比起古希腊人,在文化上还是比较落后的。但腓力二世十分重视对青年贵族的教育,重金聘请了一批当时希腊世界最伟大学者来教育亚历山大,许多马其顿的贵族青年也作为伙伴一同学习。很多人可能觉得那些希腊学者讲的东西与成为一个优秀将领没有什么关系,但实际上当时古希腊的哲学是高度实用性的:修辞学可以提高演讲技能,这可以向士兵发表演讲鼓舞士气;伦理学是政治学的基础;博物学和数学对于制造军事机械和组织军队十分必要。因此这一批马其顿将领既有刚刚跨入文明社会野蛮民族的勇武刚毅,又有极高的理论军事素养,以亚历山大为例,他不光在四大战役中于排兵布阵与临阵对敌方面无与伦比。更要紧的是,从马其顿到印度距离不下万里,途中要克服无数自然和人为的障碍。即使不考虑亚历山大取得的所有会战胜利,仅仅考虑如何组织一支大军,在这么长的行军作战过程中使其补给无碍,这本身就需要极其专业的后勤学和军事组织学。在这一点上,任何一个西方古代军事家都无法与其比拟。

从个人的品质上看,亚历山大继承了他父亲慷慨大度的优点,而且更加高贵宽厚,无论是自己的朋友还是敌人,也无论对方地位是高是低。有一次,一个普通的士兵驱赶着一头骡子,上面装着国王的财宝。骡子的脚受了伤,士兵只好将包裹取了下来,自己背着前进。亚历山大看到其非常劳累,便向其询问。得知真相后,亚历山大便勉励道:"加把劲儿,只要你能够背这些东西走完全程,背回你的帐篷里,就全部归你所有。"

雅典名将福西昂曾经在拜占庭击败了他的父亲腓力二世,政治上也不属于亲马其顿派。但亚历山大却对其十分尊重,将其视为自己的好友。即使在打败了大流士三世、成为有史以来最伟大帝国的统治者后,亚历山大在给福西昂的信件中还是予以敬语,并慷慨地赠予十分贵重的礼物。其中有一次礼物的价值竟然高达100塔兰特(塔兰特是古代西方最大的货币单位,1塔兰特大概等于26千克白银,大概等于30个精锐希腊重装步兵一年的薪水。亚历山大这笔赠款大概可以雇佣三千名精锐重装步兵一年,须知在伯罗奔尼撒战争中,雅典人倾国发动对西西里叙拉古的远征,远征军中重装步兵也不过5 100人,这笔钱足以让福西昂发动一场小规模的远征了)。而福西昂却婉言拒绝。亚历山大对此极为不满,在信中说福西昂没有把自己看成朋友,一个君主让自己的朋友生活在贫困之中而自己坐享富贵是最大的耻辱。其后又让福西昂在亚洲的四座城市里选择一座作为自己的领地,其收入可以随意支用。在俘获大流士妻子与母亲后,他也没有玷污对方,而是以礼相待,这在古代的征服者中是极为罕见的。这种个人品质为他的征服战争减少了阻力。

喀罗尼亚战役

对于腓力二世来说,他毕生的志愿就是被推举为希腊联军的盟主,然后发动对波斯的远征。为了达到这个目的,腓力二世采用了两条策略:1.控制赫勒斯滂(即今天的博斯普鲁斯海峡)的航路,以控制希腊诸城邦从黑海沿岸获得谷物的通道。这是一个强有力的经济手段,因为当时希腊诸城邦工商业经济高度发展,本土相当部分土地用于种植收益更高的橄榄与葡萄,粮食无法自给。他的这个军事信工同时也为对波斯的战争获得前哨阵地。2.控制色萨利(希腊中北部地区),并进而控制通往南部希腊的通道,迫使希腊诸城邦承认他的霸权。

公元前340年,他出兵进攻皮林沙斯(色雷斯城市)与拜占庭,但被雅典名将福西昂所击败,其与雅典的合约破裂。于是只剩下第二个办法了,当时的希腊最为强大的势力便是底比斯所领导的维奥蒂亚同盟,其次便是雅典与斯巴达。尤其是底比斯,虽然名将伊巴密浓达已经去世,但其所建立的"神圣军团"还在。曾经作为人质的腓力二世,很清楚底比斯军队的强大战斗力,所以他竭力避免与底比斯发生直接冲突。于是腓力二世拿出大笔金钱来贿赂底比斯的许多政治家,在底比斯建立了一个亲马其顿的党派。并且当底比斯封锁了传统通往希腊中部的主要道路后(底比斯人在公元前339年占领了温泉关附近的城镇尼西亚,显然这是一个针对马其顿的军事行动,即地图上沿海那条道路),腓力二世选择另外一条道路避免与底比斯的冲突,绕过卡尔利卓诺山肩(Kallidromo)进入福基斯,抵达了距离雅典只有三天路程的伊拉提亚(Elatea),此时的雅典陷入了一片恐慌之中。这个时候前文提到的著名演说家德摩斯蒂尼赶往底比斯,促成了底比斯与其宿敌雅典的反马其顿同盟,直接威胁马其顿的侧后,腓力二世不得不撤军确保自己的后勤基地。形势已经非常明显,雅典与底比斯结成联盟后,如果腓力二世退兵,那么希腊中南部的所有城邦都会加入这个反马其顿联盟(无论情愿不情愿,拒绝者必然会成为雅典—底比斯联军的打击对象),马其顿的势力也不得不退出希腊中部,这等于是前功尽弃,腓力二世已经没有选择了,大战迫在眉睫。

公元前338年8月底或者9月初,腓力二世重新进攻,马其顿军与底比斯马其顿联军相遇在位于希腊中部地区的喀罗尼亚(chaironeia)。马其顿军约有三万步兵和三千骑兵,联军的总兵力与之相当,但骑兵远逊于对手,而且雅典军一方的训练程度不如马其顿的精兵。但联军占据了有利的地形,其左方侧翼跨到堤里翁(Thurion)山麓,右翼紧邻着凯菲索斯河(Kephisos)并靠近阿克提翁山(Mount Aktion)的支脉突出处,都受到了非常好的保护。联军的阵线总长大约四公里,阵列方位似乎东北向倾斜横跨整个平原,而没有与马其顿军阵列进军方向垂直。

显然谙熟斜线攻势的底比斯将领是为了预防腓力二世集中一翼来对付希腊联军右翼,因为如果这么做的话希腊左翼就可以威胁马其顿军右翼。尽管腓力可以集中他的部队在左翼,但希腊右翼部队部署在高地,这让马其顿军的攻击也会相当困难。加上希腊联军本身主要目的就是要阻止马其顿军继续前进,而马其顿的后方基地则是叛服不定的福西基,因此联军采用防御战术,这在政治、战术上都较有利。

联军将领将自己较弱的雅典军布置在高地上,以防止被马其顿军突破;而精锐的底比斯军和神圣军团布置在较为开阔的右翼,如果马其顿军在一开始就从左翼发起猛攻,底比斯军则可以用神圣军团作为刀锋，将敌军驱赶到凯菲索斯河(Kephisos)里去。

战斗一开始就十分激烈，在轻装部队的前哨战中双方都死伤了不少人，但谁也无法突破对方的战线，战局陷入了僵持。腓力二世并没有贸然将方阵投入进攻，而是做了一个巧妙的机动，他以中央阵线为枢纽，将全军做了一个顺时针的旋转。即让己方的右翼后退，引诱占据了有利地形的雅典军离开有利的阵地，而左翼军队（亚历山大指挥）保持不动。腓力二世这个决定十分冒险，因为他这么做同时将自己的左翼暴露出来，假如联军可以协调猛攻亚历山大的左翼，很可能情况将会逆转。或许是腓力二世考虑到雅典军是临时组织的公民兵，将领对军队的控制远不如底比斯军，才做出这个冒险的选择。他的计策奏效了。雅典军离开了有利的阵地，他们的突出让己方的战线出现了缺口，突出的雅典军的右翼便暴露出来，很快就在马其顿军的夹击下溃败。在击败了雅典军之后，亚历山大本人率领骑兵通过了底比斯军与雅典军的缺口绕到底比斯军的后方，与己方正面的方阵夹击摧毁了底比斯军，神圣军团全军覆没。战役结束后，腓力二世得知其三百人皆战死于自己的战友旁时，为之流泪，并将其尸体合葬于一处，并在其上修建了一个狮子形状的纪念碑。当然这也有可能是一个政治上的花招儿，腓力二世希望用这个高贵的行动博得希腊诸城邦的好感，以有利于他成为联盟统帅。

胜利之后，腓力二世并没有继续进军围攻雅典，从某种意义上讲，他的政治才能比军事才能要出色得多。他很清楚自己的政治目的只是要求希腊各城邦能够承认他的盟主地位，而非征服整个希腊。现在他的手中掌握着数千名雅典与底比斯俘虏，这两个最大的城邦也没有抵御他进攻的军队，他完全可以通过和平手段达到自己的目的。在接下来的一个月时间里，腓力二世穿梭于各城邦之间炫耀武力，最大限度地利用了胜利给他带来的政治影响，与诸多城邦签订了盟约。他削弱了底比斯的力量，在城中留下了戍卒，但对雅典却十分友善，还削弱了斯巴达，重新恢复了希腊的势力均衡，使得这三个最强大的城邦相互牵制，他远征期间无需担心后方生变。公元前337年，科林斯同盟成立，腓力二世成了希腊盟主，虽然不久后他为人所刺杀，但亚历山大远征的基础已经完成。

高加米拉战役

这是亚历山大的"四大战役"中的第三次战役（格拉尼库战役、伊苏斯战役、高加米拉战役、海达斯皮斯战役），也是规模最大的一次，双方投入的兵力加起来共有 25 万以上，这在东西方古代史上都是非常罕见的，这次战役可以说决定了波斯帝国的存亡。

公元前 331 年 10 月，在征服了伊奥尼亚、埃及、腓尼基等地中海东岸地区之后，亚历山大已经基本扫清了波斯帝国在地中海沿岸的据点，消灭了波斯海军，确保了自己的后方与侧翼的安全。他开始通过叙利亚，向波斯帝国的中心地段进军。

而波斯国王大流士三世则利用这段时间重建了在伊苏斯之战中被摧毁的军队。据阿利安的《亚历山大远征记》记载，波斯全军有 100 万人以上，这个数字显然不可信，现代史学家估计在 25 万上下，其中包括 20 万步兵和 5 万骑兵，但大部分步兵是从各个部落募集来的乌合之众，能够能与马其顿军抗衡的步兵只有一万名波斯不死军和一万名希腊雇佣军，剩下的大部分都是弓箭手，以及各种杂兵。骑兵方面则主要是招募来的西徐亚骑兵，值得一提的是，大流士的军队中有两百辆刀轮战车，这是一种十分可怕的武器。刀轮战车由四匹战马驱动，两轮车轴尾部安装了锋利的刀刃，长度大约为一米，战车高速奔驰时，巨大的冲量即使马其顿方阵也无法抵御，而锋利的刀刃可以切断战车两旁所遇到的一切物体，即使盔甲也无法保护他的主人。当战车冲进步兵方阵时，两侧躲闪不及的士兵和战马会被锋利的刀刃切成碎块。几辆这种战车就可以将数百名步兵组成的方阵撕碎，可以说是古代战车的最高版本。波斯军队往往会在刀轮马车的后面布置铁甲骑兵，以加强冲击的效果。当然这种武器也有它的缺点，那就是对地形要求太高，而且转向不便、目标太大，以及最大的缺点——太贵。大流士三世准备这种武器显然是为了对付马其顿强大的步兵方阵。为了让这种兵器发挥最大的效力，大流士三世下令预先将战场铲平。而马其顿军的总兵力为四万步兵,7 000 骑兵。

在战前,亚历山大的部将帕曼纽建议夜袭波斯军队,以避免在开阔的战场上与数量占优势的敌人交战。亚历山大经过思考后拒绝了他的要求,其理由是他打算堂堂正正地打败大流士三世,以让波斯各地的势力服气,一举决定帝国的归属。当然更大的可能性是因为古代夜战的不确定性太大,亚历山大不愿意冒这个风险,他有足够的自信在白天击败大流士三世。从后来的结果判断亚历山大是对的,大流士三世命令波斯全军当晚戒备,而马其顿军队当夜获得很好的休息。

大流士三世依照波斯惯例坐镇全军中央,身旁是波斯长生军,希腊雇佣军在中央两侧展开,在中央最前方是战象和 50 辆刀轮战车。而巴克特里亚总督贝苏斯统率在波斯左翼中亚的骑兵,亚美尼亚骑兵(铁甲骑兵)在波斯右翼,两翼前方有十多辆战车和铁甲骑兵组成的突击方阵。在左、右、中所构成的第一阵列后方,大量轻装步兵组成第二阵列。大流士三世有意识地拉长了战线,这样可以利用己方的数量优势,迂回敌军的两翼,以避免和强大的马其顿方阵直接冲突。

亚历山大远征军中央为马其顿方阵,两翼为骑兵,右翼前方有弓箭兵、标枪兵,两翼后方配有二线骑兵做机动。老将帕曼纽率领左翼,亚历山大大帝与伙友骑兵在右翼,在第一道阵列后面由雇佣军组成第二道阵列,以因应各种突发状况。整个马其顿军形成一个空心方阵,并使左翼步兵正面外朝 45 度以因应波斯的侧面攻击。显然马其顿军队这种布置是为了波斯军队利用其骑兵优势包围己方。

战役机动

战役一开始,亚历山大指挥的右翼方阵便以斜线阵列向波斯军的左翼前进(即主力集中于右翼),而自己率领伙伴骑兵随之缓慢向右移动,同时在骑兵的后方,派出一队轻装部队随之移动(骑兵移动会溅起尘土,可以起到遮挡波斯军视线的作用)。为防止马其顿军攻击己方左翼,大流士派出骑兵向左翼延伸战线,企图包抄马其顿军的右翼。双方展开激战,此时大流士派出布置在阵前的刀轮马车和铁甲骑兵,开始冲击马其顿军的方阵,但战车先是遭到方阵前的轻装部队的投枪和弓箭,当剩下的冲近方阵时,经验丰富的老兵们自行将方阵打开缺口,战车冲进方阵后重新合拢,冲入阵中的战车遭到围攻而被消灭,接着两军的中军接触展开激战。

此时,由于波斯军的左翼遭到马其顿右翼方阵的沉重压力,不得不抽出更多的兵力到其左翼,于是在左翼和中央之间出现了一个缺口。亚历山大发现了这个转瞬即逝的战机,立即率领伙伴骑兵突入缺口,同时其身后隐藏的轻装步兵涌入缺口,形成一条新的战线,以阻挡波斯军左翼骑兵的回援。

遭到突袭的波斯军中央措手不及,据说亚历山大本人杀到大流士面前,还用投枪杀死了他的一名贴身护卫,惊慌失措的大流士本人骑快马逃走,失去统帅的波斯军中央部分崩溃了。

几乎在同一时刻,马其顿军的左翼也陷入了危机之中。由于亚历山大指挥的右翼向右的运动,马其顿军的中央阵线也出现了一个缺口,大批波斯军涌入,加上本来左翼正面遭受的猛攻,帕曼纽几乎遭到三面围攻。甚至有一支波斯骑兵在冲入中央的缺口后,还突破了马其顿军的第二条阵线,直扑马其顿军大营,意图解救在上一次战役中被俘的大流士的母亲,关押在大营内的波斯战俘也立即鼓动起来,一起攻击大营的辎重部队,马其顿军第二阵列指挥官随即派人回军,才击退波斯部队。

当亚历山大正要追击大流士本人时,接到了帕曼纽处境危急的求援,他立即回头往波斯右翼急驰。在路上亚历山大所部解决掉先前涌入马其顿缺口的残兵,随即与色萨利骑兵击退波斯右翼。马扎亚斯意图像波斯左翼贝苏斯一样撤退,却无法阻止右翼全线溃散,战役到此告结束,亚历山大获得高加米拉战役的胜利。

相比起古希腊军队,在马其顿军队中步兵尤其是重装步兵的地位相对是下降了,这是由其社会的结构和适应新的作战方式所决定的。相比起古希腊军队,马其顿军队不但可以击败敌军,还可以对敌军进行猛烈追击。因此亚历山大和他的继任者们,在战略上寻求速决战,而一次或者数次会战便能基本上摧毁敌人的主要军事力量,在短时间内迫使敌人投降。而不是像伯罗奔尼撒战争中的希腊城邦那样,即使在战场上取胜,也无法予以敌军毁灭性的打击,不得不通过包围、劫掠、封锁等间接路线战略,使得整个战争拖延数年乃至数十年,即使胜利一方也要付出极为惨重的代价。而在具体的战役里,马其顿将领们则通常采用斜线战术,集中优势兵力于一翼,通过骑兵和步兵方阵的协调,或者中央突破,或者迂回夹击敌军一翼,以赢得整个战役的胜利。但假如两军的总兵力相差不远的话,集中兵力于一翼的同时就意味着削弱战线其他部分的兵力,使之处于不利的地位。一般来说,将领会采用占据有利地形,或者将弱势的一翼做顺时针的旋转来争取时间,但在现实中往往是在两军各自在战线的一个部分赢得胜利。高加米拉战役就是个典型的例子。马其顿军与波斯人各自在战线的一端取胜,假如突破中央阵线的波斯军队不是直扑马其顿的大营,企图夺回被俘的大流士母亲,而是迂回到马其顿军的左翼背后,前后夹击,即使亚历山大能够回援,也很难挽回左翼的危局,很可能会只打成一个平局。而由于大流士的资源几乎是无限的(光是在波斯王都苏萨亚历山大就得到了价值两万塔兰特的金币,大流士有足够的财富招募新的雇佣军),而且马其顿深入敌境,这种平局对于亚历山大来说其实就是败仗。而马其顿军队第二线的将领的主动性和亚历山大对骑兵部队的控制,使得胜利的天平彻底向马其顿一方倾斜(由于技术条件的限制,古代战场上部队一旦投入战斗,将领们就很难继续控制军队,即使打败了敌军,士兵也往往开始抢掠战利品,尤其是骑兵。像亚历山大那样能够击溃中央战线,还能很快收拢军队,回头攻击波斯军的右翼是极为罕见的),这又证明了在教科书上被强调了无数次的真理——如果不能把勇敢的士兵、军官和威力强大的武器以正确的方式组织起来,巨大的数量就只是单纯的数量,并不就会给你带来胜利。

罗　马

引　子

　　公元前281年,刚刚被前盟友莱西马库斯(亚历山大的卫队指挥官,"继业者"之一,后成为色雷斯国王)赶出马其顿的伊庇鲁斯国王皮洛士正在为手下大军的军饷发愁。虽然他年仅38岁,但已经是当时整个希腊化世界首屈一指的统帅了。当时曾有人询问独眼龙安提贡努斯:"亚历山大大帝死后谁是当世最伟大的将领?"安提贡努斯回答假如皮洛士活得够长,那么非他莫属。安提贡努斯本人可以说是亚历山大去世后希腊化世界最伟大的统帅,身经百战直至伊普苏斯会战未尝一败,此人评价是很有说服力的。不过他这句话倒是一语成谶,皮洛士还不满五十就死于阿戈斯的街道上,而他自己则是在八十一岁高龄战死于伊普苏斯,当真是将军难免阵上亡。皮洛士本人也以亚历山大大帝为榜样,渴望建立伟大的功业。但不幸的是,皮洛士出生晚了点,当他年仅19岁有资格爬上餐桌,亚历山大的庞大帝国已经被"继业者"们瓜分干净,留给他的只有伊庇鲁斯这点残羹冷炙了。虽然他英勇慷慨的美名已经传遍了整个希腊化世界,但手头上那个贫瘠的山国(大概位于今天的阿尔巴尼亚)的收入根本不足以养活他手下那支大军,更不要说达成他的理想了,皮洛士必须找到一条财路来解决这个难题。

一封来自意大利南部希腊城市塔林敦的求救信解了皮洛士的燃眉之急：塔林敦请求皮洛士来做意大利南部希腊城市联盟的统帅，抵御一个名叫罗马的蛮族部落的入侵。在信中，塔林敦许诺给予皮洛士丰厚酬金，并雇佣三十万步兵、两万骑兵给予他指挥。一个美妙的远景展现在皮洛士面前：像亚历山大一样保护希腊人征服蛮族，创立属于自己的伟大帝国。唯一不同的是，亚历山大是向东，而他是向西而已。

这封来信标志着罗马人第一次正式登上地中海世界的舞台，而此时距离他们在台伯河畔建立城邦已经有约 450 年的时间了，在这 450 年的时间里，罗马人且耕且战，几番兴起几番没落，终于基本控制了亚平宁半岛的中部地区，与当时主要位于半岛南部的希腊殖民城邦遭遇了。

公元前三世纪的地中海沿岸是希腊人和腓尼基人的天下，相比起这两个四处殖民，经商贸易追求财富和权力的民族来说，罗马人的文明程度要落后得多。据罗马人自己记载，他们城邦始建于大约公元前 753 年，而他们的始祖则是从特洛伊城逃出的难民——维纳斯女神的儿子埃涅阿斯。伟大的罗马诗人维吉尔在史诗《埃涅阿斯记》中还称埃涅阿斯本人抵达未来罗马所在地时，其第一夜里所居住之处便是奥古斯都的祖宅之处，并得到神的启示，预言他的后代将统治全世界。当然，在现代的读者看来，这完全是奥古斯都的御用笔杆子给自己祖宗的脸上贴金。这位大诗人和我国史书上那些说开国天子出生时"红日入腹、异香扑鼻、生有异相"的史官是一路货色。特洛伊之战应该发生在公元前 1300—1190 年之间，而史诗中记载埃涅阿斯从特洛伊逃往罗马的途中曾经途经北非古国迦太基，并与其女王狄多相恋，可是迦太基建城时间不会早于公元前九世纪中叶，除非埃涅阿斯是一个在海上整整漂流了两百余年的人瑞，否则绝不可能活着看到迦太基城。从现有的考古资料分析，罗马人应该是起源于亚平宁半岛中部某些不起眼的土著农业部落联盟。

也正是因为这个原因，相对于古希腊人来说，公元前一世纪前的古罗马人的日常生活是十分乏味的，甚至可以说是低俗的。比较成熟的拉丁散文据说直到老加图的年代才形成，在此之前只有简单的年代表，戏剧和诗歌还要等征服希腊之后才传入。即使是贵族,也基本只看极其低俗的市民剧(大概相当于现在电视台的那些少儿不宜的深夜成人节目),绝无像《波斯人》《解放的普罗米修斯》那么高大上的古典悲剧,至于哲学、逻辑学、修辞学这些和现实生活没什么直接关系的东西,罗马人更是一概没有。

对于这点,罗马人自己也不否认。一位共和国晚期的罗马史学家在自己著作的开头说:"相对于记述别人伟大的功业,我们的祖先更愿意自己来创下伟大的功业让别人来记述,他们觉得这样更加伟大些。"(不过此人其后还是酸溜溜地说:"色洛芬(《万人远征记》的作者)的成就固然伟大,但其名声多半还是依靠他的妙笔。"其心态可见一斑。对于罗马人来说,一个好的公民在平时是一个农夫,躬耕于田亩之中,养育后代;战时则拿起武器,征服敌人,回到罗马时举办凯旋式,在他们的名字前面加上"某某的"绰号(罗马人如征服某个城市或者王国、部落,常在姓名前加上被征服者的名称,例如阿非利加那的西庇阿、马其顿的保卢斯,也可翻译为"某某地的征服者"),死后后代将他的蜡像面具摆放在家宅祭坛之上,成为子孙后代仿效的榜样。如果说公元前三世纪希腊人与罗马人接触时是哲学家、商人、将军、工匠、士兵、竞技者、雄辩者,那么罗马人从穿着托加的元老到最底层的门客都是农民。有一个例子可以为证:战争的间隙皮洛士的使者出使罗马,许多元老都轮流邀请其到家中做客,结果他在每一个元老家中的餐桌上都看到了同一套银餐具,当时罗马上层生活的简朴可见一斑。

但这种"落后"对于罗马人其实并不是一件坏事,商业的不发达和文明的落后让罗马的社会各阶层之间的差异不那么大,即使是上层元老的生活相较于希腊人也朴素得多。这就使得罗马人在和那些富有但柔弱的,为各种社会矛盾所割裂的对手交战时,有着巨大的优势。例如,在西方古代世界有一条通行的法则,假如一个公民无力偿还债务,那么债主可以将公民本人或者他的妻子卖为奴隶还债。但在公元前三世纪后的佩特里乌斯与帕佩利乌斯法案之后,债务奴役制在罗马平民中被取消了,一个罗马公民用来担保其债务的只能是他的财产,而不能是他本身。也就是说,假如一个罗马公民欠债,债主最多只能将他的财产拍卖,而不能将他本人变卖为奴隶还债,这显然让罗马的上下层更加团结。

在古代社会,两个城邦的人口和土地相差不大的情况下,贫富差距更小的一方,能够提供的士兵就越多。因为赤贫者和奴隶是没有意愿为城邦战斗的,因此在人口和领土面积一定的前提下,财产越是平均的城邦军事力量一般就越强。在罗马人用公民兵作战的时候,罗马人的绝大多数对手却不得不使用雇佣兵,但为薪水和战利品而战的雇佣兵可能在速决战中还能占点便宜,是无法忍受无利可图的持久战。在第二次布匿战争的坎尼之役,罗马人在一天就损失了七万青壮年男子,如果加上先前的数次战役,在短短的一年多时间内,罗马光是在汉尼拔手中就损失了超过十万人。然而在坎尼之役后,罗马人不但没有从西班牙、西西里等海外领地调兵回来加强罗马的防守,反而按照原计划将两个军团派到西西里去。按照希腊史学家波利比乌斯的记载,在第二次布匿战争中,罗马人一共有二十一个军团分别在意大利本土、西班牙、西西里、撒丁、科西嘉、北非作战。按照罗马人的编制,一个军团一般还包括一个联盟者组成的同盟军团协同作战,总人数大概为一万人,也就是说罗马及其同盟仅仅凭借今天意大利中部这一小块地区维持了二十万以上的军队。而控制着当时最富饶、人口最稠密的地中海东部沿岸与两河流域的马其顿、叙利亚、埃及这三个"继业者"国家,能拿出来的全部希腊裔军队大概也就这么多,因而在第二次布匿战争结束后不到四十年,罗马人就轻而易举征服了希腊、马其顿、叙利亚等国,几乎完全控制了地中海东岸的广大土地,这也就没什么奇怪的了。

更重要的是罗马共和国的早期商业并不发达,罗马人也并没有像迦太基人那样对被征服者穷凶极恶地榨取税赋。在第二次布匿战争之前,罗马人对于他们的同族(罗马人认为古代意大利人是他们的同胞),在打败之后一般只是割让一部分土地用作监视战败者的军事殖民地,便与其签订盟约,最大的要求不过是战败者提供一定数量的同盟军,一般并无经济上的榨取。因为罗马人认为,金钱固然重要,但更重要的是勇敢的战士。对于当时绝大多数民族来说,去跟着胜利者出征分享战利品是件有好处的事情。何况缴纳贡赋是臣民,而提供同盟军是盟友,显然后者比前者要容易接受得多。与希腊人和腓尼基人不同,罗马人不吝于给予盟邦公民权(当然并不是所有人都能得到),因此当汉尼拔和皮洛士攻入意大利的时候,绝大部分罗马的盟邦坚守盟约,成为罗马取之不尽的兵源,而当西庇阿攻入非洲,迦太基便众叛亲离。久而久之,这些战败者就成为了罗马的一分子,使得罗马人越战越强。萨宾人、伏尔西人、马尔西人、努米底亚人、高卢人等等无一不曾经是罗马顽强的敌人,但最后都成为了无敌的罗马大军的一分子。罗马人把全部的智慧和力量都专注在一件事情上,那就是战争。正如罗马人自己承认的,他们不如迦太基人富有,不如希腊人有韬略,不如日耳曼人视死如归,更不如高卢人人数众多,但远见的政治和精良的战术让他们战无不胜,最后成为古代地中海世界的主人。

由方阵到军团以及军团的变迁

罗马的军团战术并不是一蹴而就的,从公元前七世纪初步萌生到公元前一世纪的共和国晚期,罗马军团在不断进化,适应新的环境和敌人。其间有两次较为重大的改革:公元前四世纪左右与萨谟奈人战争中的改革和公元前一世纪的马略军事改革,究其脉络,罗马军团沿着密集的长矛重装步兵方阵——弹性的百人队集群战术——密集长矛方阵+大量投掷兵种和作战机械的路线发展。

据罗马人的历史记载,他们是在王政时期从埃特鲁里亚人那里学习到重装步兵方阵战术的。在罗马的王政时期和共和国的早期,罗马军队的主体部分也与大部分希腊城邦一样,都是多利亚式的重装步兵方阵,即城邦的富有公民手持长矛和大圆盾肩并肩地组成方阵,而穷人则担任轻装步兵和投石兵,依靠整体的冲击力赢得胜利。

和绝大多数民族的兴起期一样,服兵役对于早期的罗马人是一项特权而不是义务,只有符合一定财产条件的公民才能服役。在王政时期和共和国的早期,军团是社会中的上层分子组成的,一个公民去哪儿服役、在军团中的哪个部分、可以升迁到哪个职位,都取决于他的出身阶层,简单来说就是拼爹。具体来说,就是第一等级(贵族)的提供 80 个装备全套重装步兵盔甲的百人队和 18 个骑兵百人队;第二等级出 20 个只有胸甲、椭圆形长盾牌的重装步兵百人队;第三等级出 20 个没有护颈甲的百人队;第四等级则出 20 个轻装投枪步兵百人队;第五等级则是 30 个投石兵百人队。另外还有两个乐手百人队和从第一等级中组成的 18 个骑兵百人队。贵族往往一开始就是从十夫长做起,共和国后期的元老子弟甚至一开始就是统帅身边的随从,很快就能做到军事保民官、次帅、财务官、骑兵长官;而第二到第五阶层的平民在军中的最高等级也不过是首席百夫长。

显然,这个军役是不公平的。在正常情况下,最富裕的第一等级(即元老和骑士阶层,资产在两万五千塞斯太尔斯以上,即贵族)人数肯定要比最贫穷的第五等级人数要少得多,可是第一等级却要提供 80 个百人队大约 6 400 人,而第五等级却只需要提供 2 400 人,而财产数量低于 3 000 塞斯太尔斯的"无产者"在正常情况下没有兵役义务。这有两个原因:第一,罗马存在一种门客制度,在王政和共和国的早期,门客和平民是被分开的,门客是被看成他们保护人(基本是贵族)家族的一部分,门客可以从保护人那里得到经济上的援助、法庭上受保护;而门客也有义务在保护人的军队里服务,如果保护人竞选某个职位,门客也必须投他的票,这种保护和被保护的关系是受十二铜表法保护的,实际上第一等级所出的 98 个百人队里相当部分是他们的门客。第二,在罗马,一个公民的政治权利和军事义务是挂钩的。在选举最重要的官吏——执政官和监察官的时候,罗马公民不是按照一人一票的方式,而是以百人团为单位参加政治生活的,也就是说第一等级有 98 票,而第二、三、四、五等级分别是 20、20、20、30 票,无产者只有 1 票,军事手艺人和乐师有 4 票。更要命的是,不同等级百人团的投票并不是同时进行,而是第一等级的先投,然后依次投票,直到赞成票或者反对票超过半数即停止,因此在正常情况下,后面的几个等级实际上是根本没有投票机会的。在这种情况下,国家的权力几乎集中在贵族手中。因此不难看出,罗马共和国其实是一个贵族共和国,尤其是能自备重装步兵盔甲武器的贵族和较为富裕的公民的共和国。与雅典等施行民主制的希腊城邦不同,在罗马共和国的绝大部分历史里穷人是没有什么发言权的,因此,平民和贵族的斗争几乎贯穿了整个共和国的历史。

到公元前四世纪,罗马人经过拉丁同盟战争,终于控制了"拉丁姆"地区,绝大部分拉丁城市失去了独立的地位,不过后来他们逐渐都被授予了公民权,成了罗马的一部分。这块土地西北起始于台伯河下游,东南达到利里河(Liri River,流入加埃塔湾)下游流域的东南边缘,东北邻接亚平宁山脉,西南濒临第勒尼安海,是一块肥沃的冲积平原,十分适宜步兵方阵。而在东北部的亚平宁山脉之中,便是他们新的敌人——山民萨谟奈人。

萨谟奈人是居住在意大利亚平宁山脉南部的一支山民,这些山民一般通过游牧和简单的农业来维持生计。相对于居住在拉丁姆平原的拉丁人来说,萨谟奈人的生活要艰辛和不稳定得多,他们必须根据季节的变化在平原和海拔较高的山间牧场之间迁徙,以保证自己的畜群能够始终得到足够的饲料。因此,从不可考的远古年代开始,萨谟奈人与拉丁人就为土地和水源战斗。古老的拉丁同盟便是为此创立的,现在罗马人控制了拉丁姆,一场发生在萨谟奈人和他们之间的战争就不可避免了。

萨谟奈人是勇猛坚韧的战士,但他们当时的社会组织还很落后,并没有统一在一个国家之下,而是以部落同盟的形式与罗马人交战。在平原上他们不是罗马军队的对手,但是一旦进入崎岖的亚平宁山区,情况就大不一样了,轻装的萨谟奈人相比起笨重的罗马方阵要灵活得多,考地安峡谷之战就是典型的例子,在这场战役中,数万罗马士兵被包围在狭窄的、无法让方阵展开的狭窄峡谷,不得不忍受半裸体从长矛搭成的"轭门"下爬过的耻辱。这次失败让罗马人的军事组织发生了巨大的变化(当然这种改变不会是一蹴而就的,实际上从高卢人入侵后名将卡米卢斯便做出了一些改革,比如对兵员的使用主要是根据年龄和经验而不是根据其财产和个人所备武器的质量;仍然希望个人自备武器,但这些武器通常由国家来出钱购买),由方阵彻底完成了向军团的转变。在这种新的组织形式里,步兵被从密集的方阵中解放出来,军队的战术单位由方阵变成了"中队",使之对地形的适应性和作战时的弹性大为提高。直到公元前一世纪左右,由于长时间的对外征战造成的意大利自耕农阶层破产,旧有的从资产在 3 000 塞斯太尔斯以上的公民中征集兵员的做法已经无法执行下去。因此,马略彻底打破了军役资格的规定,直接从无产者中募集士兵,由国家提供粮饷和武器装备,老兵退役后支付份地。征兵制度的改革自然也使军团的组织发生变化,旧有的少年兵(Velites)、青年兵(Hastati)、壮年兵(Principie)、老兵(Triarii)的区分自然也不复存在,变为统一的严加训练的职业兵。为了便于讲述,接下来分别以(马改前)军团和(马改后)军团代表。在马略改革之后,在共和国时间段内军团的组织就没有发生大的变化,但慢慢地,来自城市无产者的士兵素质缓慢下降,再也无力执行那种富有弹性的作战组织和忍受残酷的白刃战,不得不让队形越来越密集来抵抗对蛮族军队的冲击,罗马步兵的队形越来越向希腊式的密集方阵倒退,也越来越依赖土木工事、投射兵种和机械的掩护,其机动性和适应性也越来越差,最终成为骑兵的附属品。

武 器 与 盔 甲

　　一个真正的罗马军团士兵有三件标志性的武器——短剑(Gladius)、长盾(Scutum)、重标枪(Pilum)。军团士兵手中的短剑长约两英尺,宽约两英寸,剑头尖利,比马其顿和希腊士兵的佩剑要宽厚得多,可以刺杀也可以劈砍,是战场上真正的杀人武器。不过通常来说,这种武器的主要用途是刺杀,因为罗马短剑的重心靠近剑柄,并不适宜劈砍。

　　长盾为长方形凸面体,高约四英尺,宽约两英尺,足以将士兵整个人遮掩住,用橡木板叠压而成,外蒙有兽皮,内部有帆布,边缘用金属加固,中央有凸出的饰物,长盾不但可以用来保护自己,还可以用凸饰猛击或用边缘砍击对手。

　　重标枪是远距离武器,最大投射距离约为 60 英尺。前端为 4.5 英尺的金属长杆,附有一个铁枪尖。后端为4.5英尺的木制长杆,上面绕有一根绳索,在投射的瞬间拉动绳索,使标枪旋转前进,可刺破盾牌或盔甲。投枪的枪头都有倒钩,当刺中盾牌后将很难将其从自己的盾牌上弄下来,敌人不得不在接下来的肉搏战中放弃盾牌。标枪的枪头与木杆的连接处通常用两个销钉固定,而不是做成一体的,这样在投掷出去后,枪头就会弯曲变形,防止敌人捡起后再投掷回来。当然罗马人也使用长矛(Hasta),使用者通常是军队中最后一列老兵,长度约为12英尺;轻装步兵则使用轻标枪和便于携带的圆盾。

相比起希腊头盔,罗马头盔比起防护性更在意士兵的视野,头盔是碗状的、颈部后面伸出一个短短的水平帽舌,带有宽阔的护颊片,同样遮住了耳朵并且脸颊以下。通常士兵的头盔还有马鬃或者羽毛作为装饰。后期部分头盔受地中海东岸地区影响,形制变得"东方化"。

甲:罗马人最主要使用的盔甲是在胸部和腹部镶嵌有青铜叶片的皮甲,青铜叶片通过皮带固定在胸部和腹部,为了美观起见,通常在腹部表现成肌肉的形状。士兵的右膝盖上还有铁质的护膝(因为士兵在厮杀时都是右腿在前),百夫长与装备较好的重装士兵还有胫甲与护颈甲。共和国晚期,罗马人还从高卢人那里学会了锁帷子,通常穿在内层,外面罩上皮甲或者鳞片甲。

组织和战术

在共和国的极盛时代,通常两位执政官各自率领一支军队,而每一支军队又由两个军团和相应的同盟者的部队(其步兵人数与罗马相同,骑兵比罗马多一倍)组成。召募新兵在卡皮托里山或马尔斯广场的公民大会上进行,从每一特里布斯中挑选出同样的人数。这些新兵平均分配到4个军团里,使之满额。有些因年龄或多次参加战斗而免除兵役的公民常常重新志愿入伍。

新兵在举行宣誓后,即解散回家听候召集。召集时,最年轻的和最贫穷的编入轻装兵(Velitis),其次的则按年龄和财产状况编入长矛兵(Hastati)和主力兵(Principis),最年长的和最富的则编入后备兵(Triarorum)。每一军团有1 200轻装兵、1 200长矛兵、1 200主力兵、600后备兵和300骑兵(骑士),共4 500人。长矛兵、主力兵和后备兵又各分为10个中队(Manipuli)即连,而每一个中队又补充以同一数额的轻装兵。轻装兵(Rorarii, Accensi, Ferentarii)(注:站在后备兵后面的轻装部队、轻装辅助部队、弓箭手。——编者注)编成军团的轻步兵,与骑兵一起列于军团的两翼。长矛兵列为第一线,主力兵列为第二线,他们最初都装备长矛。后备兵为预备队,装备投枪〔pilum〕,这是一种较短的但是非常沉重和厉害的标枪。他们在用短剑同敌人进行白刃格斗之前先向敌人的前列投标枪。

每一中队由正百夫长(centurio)指挥,副百夫长则作为他的助手。百夫长的等级由他在军团中的位置来决定,最低的是最后一个即第十长矛兵中队的副百夫长,最高的是第一后备兵中队的正百夫长(Primus pilus),军团的指挥官不在时,他甚至负责指挥整个军团。通常Primus pilus指挥所有的后备兵,同样,Primus Princeps(第一主力兵中队的正百夫长)则指挥所有的主力兵,Primus hastatus(第一长矛兵中队的正百夫长)则指挥军团所有的长矛兵。在比较早的时期,军团由6个军事护民官轮流指挥,每人指挥两个月。在第一次国内战争以后,每个军团都设有次帅,他是军团的常任长官;护民官这时大部分成为担任参谋或行政职务的人物。三线兵士在武器上的差别到马利乌斯时代就消失了,投枪开始装备给军团三线的所有兵士,从此以后它就成为罗马人的民族武器,以前由于年龄和服役年限长短而产生的三线兵士在质量上的差别不久也消失了。照萨吕斯提乌斯的说法,长矛兵、主力兵、后备兵最后一次出现是在梅泰鲁斯同努米底亚国王朱古达的战争中。随后马略把军团的30个中队缩编为10个大队(Cohortis),分为两线,每一线5个大队。同时,大队的额定人数增加到了600人;在Primus pilus(正百夫长)指挥下的第一大队持有军团的鹰徽,人数为普通大队的两倍。骑兵像从前一样分编为小队（Turma），每一小队有兵士30人和十人长（Decurio）3人，其中第一人指挥小队。军团中的轻步兵所担负的任务，在共和国的最后一个时期，由蛮族组成的辅助部队开始执行，这种轻步兵就完全消失了。

一般来说，执政官所统领的两个军团就是共和国时期一支罗马军队的最大规模了。因为罗马人认为两个军团就足以对付绝大多数敌人，如果万一战败，城内还有足够的人力立即武装起一支新的军队，不至于把一切都在一次战役里输光。当然也有可能是因为在罗马的政治体系下，军队的指挥官并非专业化的将领，而是通过选举产生的政治家，要考虑政治的平衡性，也要防止有野心家利用军队夺取最高权力。而且这些执政官往往将略并非其所长，赢得战争依靠的是优良的军事组织，两万人的军队也就是他指挥能力的上限，给予其太多的军队反而有害。比如著名的坎尼之战中，罗马人倾其所有派出八个罗马军团，加上同盟军总兵力在八万以上，由两个执政官共同指挥，结果反而被汉尼拔一举歼灭，使得罗马陷入最危险的境地。

列阵时，将十个大队依次横向排开，骑兵布置在步兵的两翼。每个大队的少年兵小队在最前面担任散兵掩护，其后则依次是青年兵小队、壮年兵小队、老兵小队。每个小队都组成横列20人、纵深6人的小方阵，横向的小方阵之间留有大约30米的空隙，而第一列的青年兵于第二列的壮年兵之间有60～80米的空隙，而老兵与壮年兵之间有约为100米的空隙。前一列与后一列的小队交错排开，交战时好相互替换。小方阵内士兵前后左右大约留有1.5到2米的空隙，好让士兵有空间使用武器。

早期罗马军团的战斗是很程序化的，交战开始时，最前面的少年兵向敌军投射石弹和轻标枪，然后从第一线的空隙撤退到两翼与后方。由青年兵组成的第一横列首先推进，当距离敌人20码时，将重标枪掷出。同时，军团开始疏散。往往在标枪掷出之后完成疏散，第一横队的士兵开始冲锋，前两列士兵与敌人用短剑进行格斗。后面6～7列士兵投掷标枪。数分钟后，由壮年兵组成的第二横列替换，第一横列后撤休息。由少年兵组成的轻步兵负责掩护军团的两翼与背后，同时还要找回可使用的标枪,补充给撤回的第一横列。一场战役通常进行数轮替换。而老兵则一般坐在地上,一来可以节约体力,二来不容易被敌军发现。如果前两列两次轮换后还无法击败敌人,老兵们将上前接替,轻装兵与壮年兵将在老兵长矛横列的掩护下重新编组,进行最后的决战。

从上面的描述不难看出,相比起希腊和马其顿体系下的重装步兵,罗马军团的同行们需要非凡的进攻精神和更好的武艺。罗马人可以说是古代历史中唯一使用短剑而非长矛作为重装步兵主武器的民族,他们的作战方式有些像排队枪毙时代的滑膛枪步兵——都是先用"火力"削弱敌人的阵型,然后用白刃战解决战斗,所不同的是他们的"火力"是重标枪,白刃战的武器是短剑。

为了给士兵留下足够的空间使用武器,罗马的横列士兵密度要远远低于希腊和马其顿的方阵,再考虑到长矛的长度优势,在交战时,一个罗马士兵至少要同时面对至少五个敌人的长矛(马其顿方阵前五排士兵的长矛都可以伸出至阵前),考虑到军团方阵的密度较低,这个比例实际上会更悬殊。士兵在投出标枪后,就不得不用短剑拨开或者砍断长矛,用肩膀抵住盾牌,竭力靠近敌人,用短剑刺穿敌人小腹或者割断腿部肌腱,或者从盾牌的上方刺穿敌人的脖子。

在正常情况下,头几次这种尝试往往是失败的,因为那时敌人是精力充沛和阵势整齐的。但随着战斗的进行,敌人的士气会低落、体力会消耗、盾牌会被投枪刺穿而使用不便,队形也会因为地形的不平整和罗马人的冲击而变得支离破碎,而密集的方阵又无法实现前排与后排士兵的轮换,方阵正面和侧翼会出现缺口。经过轮换而精力充沛的罗马士兵就可以在敌人的方阵上打进几个楔子,用短剑大肆砍杀方阵内部那些手持长矛,连转身都困难的敌军士兵了。即使前两排士兵没有能够在方阵冲开缺口,最后一列的老兵也可以"拯救"罗马人,他们起的主要作用是防波堤,长矛和长盾牌的装备可以让他们抵御敌人骑兵的迂回冲击,确保被击退的第一线和第二线有足够的时间重整阵势。而敌军的方阵这时候也已经疲惫不堪,无力再战。所以罗马人在和皮洛士的数次交战中,虽然皮洛士连战连胜,但最后一列的老兵却使得皮洛士无法歼灭对手,歼灭战打成了消耗战,罗马的人力优势就发挥了出来,以至于皮洛士本人在一次损失惨重的胜利后,哀叹再来一次这种胜利就再也没人可以和我回伊庇鲁斯了。

而光有这种勇气与进攻精神是不够的,如果只论勇猛与视死如归,日耳曼人与高卢人绝不亚于罗马人。由于古代的技术条件限制,在绝大多数情况下军队一旦投入战斗,统帅就几乎不可能对其做出太多的操纵,更不要说在敌军的猛攻下两线士兵井然有序地交错替换了。而且拜共和国的政治制度所赐,在绝大部分时候,共和国的将领们与其说是伟大的统帅,还不如说是出色的街头演说家。士兵能否遇到一个靠谱的统帅是要非常看运气的事情,运气好遇到苏拉和庞培,战利品和奴隶捞到饱,退伍还有土地分;运气不好就遇到瓦罗(坎尼战役的罗马指挥官),被人砍成肉块喂乌鸦了。罗马军团能够打败无数的敌人,依靠的是训练有素的基层军官和老兵。通常来说,一个军团的主要军事长官是元老院任命的军团长、高级军事保民官、低级保民官,但军团的实际管理者和指挥者是第一步兵大队的十个百夫长们,他们实际上担任着现代军队中参谋军官的角色,尤其是首席百夫长。这些从基层士兵逐步晋升起来的百夫长们在平时管理和训练士兵,战时则将统帅的命令转化为具体的指令,并监督士兵修筑工事和作战,他们是战无不胜的罗马军团的灵魂。为了和士兵区分开来,他们的盔甲是镀银的,短剑置于身体左侧而不是右侧,而身体右侧则可能会放置匕首,腿上有护胫。由于在作战行进时也要位于百人队中,他们也要执盾。百夫长最为显著的标志是他们头顶上的马毛或羽毛装饰,与其他普通士兵不同的是,他们的饰板是横排的而不是纵列。即使新式的多层罗马片甲在公元一世纪投入使用后,百夫长们仍然穿着旧时的锁子甲,通常他们还会在胸前或者其他显著位置佩戴奖章或者其他装饰物以向其战友以及敌人彰显其英勇。百夫长们还会拿着一根通常是藤制的短权杖(拉丁语:Vitis)作为其权力象征,并在训练时用以鞭打士兵。

成为军团首席百夫长可以说是一个普通罗马士兵在军队中能够到达的第二高的职位了(Praefectus Castrorum),当他退休后将能够进入骑士阶层,本人与后代都可以跨入贵族的行列。而且在军团里百夫长可以训练士兵、行军、修筑工事、道路以及公共建筑,对于触犯纪律的士兵,可以处以鞭打、劳役乃至处死。一句话,普通罗马士兵的命运完全掌握在百夫长的手里,因此百夫长通常可以获得士兵的许多贿赂,而且在瓜分战利品的时候也能分到很大的一块。可以说,每一个罗马士兵的最高梦想就是成为所在军团的首席百夫长。那么要如何才能成为一个军团的首席百夫长呢?

首先,这个士兵必须年过三十,一般来说罗马人首次服役的年纪是16岁,考虑到从公元前7世纪到公元前一世纪内战结束,罗马就基本没有停止过战争,因此如果一个罗马士兵已经年过三十,那他至少在军队里已经服役十多年了,有足够的经验和资历来指挥和管理士兵;其次,他还必须勇猛善战,否则他没法从一个普通士兵沿着双饷者、双链佩戴者、十夫长、传令官、副百夫长、百夫长、资深百夫长等一级级爬上来;再次,他必须会读会写,因为他必须能够将长官的书面命令变成对士兵的指令,一个目不识丁的文盲即使在古代的罗马军队里也是没有出路的;最后,也是最重要的,他还必须"上面有人",因为首席百夫长实际上是军团管理者和最重要的参谋,没有几个重要人物的推荐信,是不可能成为首席百夫长的。这个"重要人物"可能是某个元老,也有可能是某个高级官吏,甚至有可能是执政官和皇帝本人。

公元前一世纪,由于第二次布匿战争对意大利本土经济的破坏和大量奴隶的输入,意大利原有的自耕农经济遭到严重冲击,旧有的按照财产数量征兵的制度无法维持下去。平民出身的马略进行了军事改革,从过去没有兵役的城市无产者中征兵,由国家提供武器、给养。为确保士兵的训练水平,马略规定入伍者必须至少服役16年,退伍后可以得到土地,从而解除了士兵的后顾之忧。

在军队组织上,马略抹去了青年兵、壮年兵、老年兵的区别,所有重装士兵都装备短剑、长盾、两支重投枪。每个罗马军团(Legio)由10个大队组成(Cohorts)。除第一大队由10个百人队(Centuria)组成外,其余大队由6个必要的连续性等级的百人队组成,每个百人队80人,由一名百夫长领导。同时,每两个百人队又被称为一个小队

（Manipulus），由两个百人队中等级较高的那名百夫长统领。各个等级的部队都按照训练程度和作战经验的多寡编成，编号越小的单位作战能力越强，作战位置越靠前。此外，每个战斗单位都有自己的军旗和标志，每个军团都拥有自己的鹰徽——罗马的象征。此举无疑增强了每个单位的集体精神和荣誉感，丢失军旗或鹰徽甚至可能被处以十一抽杀律。新的军团由原先的4 500人增至6 000人，战斗队则形变得更加多样，作战的灵活性和指挥效能得到加强，例如布置在右翼的第一大队显然是为了采用"斜线阵型"。同时，还增加工兵和机械装备。而其他辅助角色，例如弓箭手、抛石手、骑兵等，都由罗马在各地的，不具有罗马公民权的同盟者提供，称为辅助部队。相比起早期的军团，马改后的军团成了为军饷和战利品而战的职业军人，他们武艺娴熟，剽悍善战，而且坚韧，擅长修筑野战工事（被称为马略的骡子），对于敌人和祖国来说同样危险。

在马略之后、恺撒之前的时代，军团多半是在意大利用招收志愿兵的方法来补充的。由于在同盟战争以后，公民权以及随之而来的服兵役的义务扩大到了整个意大利，因此，这时适于服兵役的人员便大大超过了需要，军饷几乎等于市场上雇普通劳工的工资，便宜得惊人。因此，新兵绰绰有余，甚至不需要实行强迫征兵的办法。只有在特殊的场合，军团才在各省招募新兵；例如，第五军团就是恺撒在罗马高卢招募的，但后来这个军团的兵士 en masse（毫无例外地）都取得了罗马的公民权。通常情况下，军团很少没有达到过4 500人的编制人数，例如，恺撒的各个军团就很少超过3 000人。他们宁愿把新兵编成新军团（Legiones Tironum），而不愿把新兵和老军团的老兵混编在一起；这些新编的军团最初不允许参加野战，主要使用它们来警卫兵营，以及担任其他军事勤务。军团分为10个大队，每一大队有3个中队。长矛兵、主力兵、后备兵等名称仍然保存，它仅仅是为了按上述制度表明指挥官的等级；对于普通兵士来说，这些名称已没有任何意义了。每个军团第一大队的6个百夫长有权参加军事会议。百夫长都是普通兵士出身，很少取得比这更高的地位；由受过教育的青年贵族组成的主帅本人的参谋部是培养高级军官的学校，这些青年人会很快地提升到军事护民官一级，然后又提升到次帅（Legatus）一级。兵士的武器仍然是投枪和短剑。除了装具外，兵士还要背负35到60磅的行李。携带行李的用具非常笨重，以致兵士在准备战斗时必须先把行李卸下。部队野营的用具由骡马驮载，一个军团需要500匹左右。每一军团都有自己的鹰徽，每一大队都有自己的旗帜。恺撒从自己的军团中选拔一定数量的兵士（Antesignani）担任轻步兵，这些人员既要适于担任轻装部队勤务，又要适于在横队中进行近战。

军队的参谋部由元老院任命的次帅组成，他们是主帅的助手，主帅派他们担任各独立部队或战斗单位的指挥官。恺撒第一次委派特任次帅为军团的常任指挥官。如次帅不敷分配，则由财务官（Quaestor）担任军团的指挥。他本人主管军队的财务和军需，同时有许多官吏和传令官（Apparitores）帮助他。参谋部还有派来担任副官和值日官的军事护民官和上述志愿入伍的青年[Contubernales, Comites Praetorii——（主帅的随从人员）]；但在会战时他们和普通兵士一样，加入由大本营的执法官（Lictoris）、官吏、仆役、密探（Speculatores）和传令官组成的cohors praetoria（主帅的随从大队）作战。此外，主帅还有一种由老兵组成的私人卫队，这些老兵是应自己老长官的召唤而重新志愿入伍的。这种卫队在行军中乘马，但徒步作战，他们被认为是军队中的élite（精兵）；他们掌管和保护Vexillum——作为全军标志的旗帜。

作战时，恺撒通常把军队列为三线：每一军团的4个大队为第一线，第二和第三线各3个大队；同时第二线各大队位于第一线各大队的间隙之后。第二线必须支援第一线；第三线是对敌人正面或翼侧进行决定性机动以及击退敌人决定性突击的总预备队。一旦因敌人向翼侧迂回而必须延长正面时，则军队只列为两线。至于列为一线[acies Simplex（普通的战斗队形）]，则只在万不得已时才这样做，那时在大队之间不留间隙；但是在保卫兵营时，这种队形就成了常规，因为一线的纵深也仍然有8～10列，可以由垒墙上排列不下的兵士组成预备队。

奥古斯都完成了把罗马军队变为常备的正规军的事业。他把25

个军团分驻在整个帝国境内：8个军团配置在莱茵（他们被视为全军的主力——Praecipium Robur），3个军团配置在西班牙，2个军团配置在非洲，2个军团配置在埃及，4个军团配置在叙利亚和小亚细亚，6个军团配置在多瑙河流域各省。驻在意大利的军队全部是在意大利本土征召的精锐部队，是皇家近卫军。近卫军起先由12个大队组成，以后由14个大队组成；此外，罗马城还有原先被解放了的奴隶组成的市警备队［Vigiles（武装守卫）］7个大队。除了这支正规军以外，各省仍必须编成轻装的辅助部队，这时他们大部分已变成一种担任警备和警察勤务的民兵了。但是在受到袭击威胁的边境上，不仅使用这些辅助部队，而且使用外籍雇佣兵来担任战斗勤务。在图拉真时代，军团的数量增加到30个，及至赛普提米乌斯·谢维路斯时代又增加到33个。军团除番号以外，还按其驻地命名［L. Germanica, L. Italica（日耳曼军团、意大利军团）］，按皇帝称号命名［L. Augusta（奥古斯都军团）］，按神名命名［L. Primigenia. L. Apollinaris（丘比特军团、阿波罗军团）］或按授予他们的奖章命名［L. fidelis, L. pia, L. invicta（效忠军团、虔信军团、无敌军团）］。军团的编制也有了一些改变。这时，指挥军团的人叫做司令官（praefectus）。第一大队在人数上增加了一倍［cohors milliaria（千人队）］，军团的额定人数增加为步兵6 100人，骑兵726人；这是最低限额，必要时尚可增补一个或一个以上的Cohors milliaria（千人队）。Cohors milliaria由军事护民官指挥，其余的大队则由护民官或Praepositi（长官）指挥；因此，百人长的官衔这时就成为下级指挥官的官衔了。

此时参加军团的是释放了的奴隶、奴隶和各省居民，总之是各色各样的人。在意大利，只有禁卫兵才必须是罗马公民，但是以后这一规定也取消了。因此，军队中的罗马人很快地就被淹没在野蛮的和半野蛮的、罗马化和非罗马化的成分的洪流之中了，只有指挥官仍然是罗马人。军队成分的这种恶化也立即反映在它的装备和战术上。重胸甲和投枪被取消了；造就世界征服者的疲劳的训练制度开始为人们厌弃；仆役和豪华奢侈对军队已成为必需，impedimenta（辎重）随着军队吃苦耐劳的精神的削弱而增加了。就像在希腊一样，衰落的特点表现在轻视重装的基干步兵，迷恋各种轻武器和搬用野蛮人的武器和战术。因此，出现了许多装备有各种各样投掷武器的轻装兵［如 auxiliatores, exculcatores, jaculatores, excursatores, praecursatores, scutati, funditores, balistarii, tragularii（辅助兵、前卫部队、长矛投掷手或梭镖投掷手、侦察兵、先驱兵、盾牌手、投石手、弩炮手、带索长矛投掷手）］，而据维格齐说，骑兵改进的方向是仿效哥特人、阿兰人和匈奴人。最后，罗马人和野蛮人之间在装具和武器上的一切差别都消失了，而在体力上和精神上都占优势的日耳曼人就跨过已丧失罗马特征的军团的遗骸前进了。

著名战役

接下来将介绍阿斯库路姆、扎马、法萨卢斯三场战役。这三场战役前两场分别发生在罗马与皮洛士、罗马与汉尼拔之间，而最后一场则是发生在恺撒与庞培之间。这三次战役分别标志着罗马人征服南部意大利、罗马人赢得第二次布匿战争、恺撒赢得内战的胜利，而皮洛士和汉尼拔可以说罗马人的敌人中最优秀的两位统帅，这三次战役无论是哪一方的表现，都可谓是可圈可点。

阿斯库路姆战役：公元前 280 年，皮洛士在和当时的马其顿国王托勒密·克劳诺斯结盟之后，稳定了自己的后方，带领重装步兵 20 000、投石手 500、骑兵 3 000、弓箭手 2 000、战象 20 头的大军横渡亚得里亚海，来到意大利。在与罗马人的初战中（赫拉克里亚战役），他击败了执政官拉埃维努斯指挥的四个军团。但当他北上进攻罗马的时候，却得知在罗马还有三支完好无损的军队，而且被击败了的拉埃维努斯还收容残部在他的背后。考虑到罗马军队强大的战斗力和己方有限的实力，皮洛士决定退回坎帕尼亚过冬，并派出使者前往罗马，想要通过和谈达到自己的目的。

皮洛士的使者是个叫作辛尼阿斯的色萨利人。据皮洛士自称，自己用长矛拿下的城市还没有辛尼阿斯用舌头拿下的多。辛尼阿斯来到罗马，依照惯例先向几位重要的元老以国王的名义馈赠厚礼，但皆被拒绝。这些罗马元老表示,假如双方和谈成功,他们当然很愿意成为国王的朋友,但在此之前,接受敌人的礼物是不符合罗马人风俗的。辛尼阿斯只得作罢。在接下来的元老院演讲中,辛尼阿斯声称皮洛士寻求罗马人民的友谊,他愿意免费释放所有的战俘(他当时手中有1 800名战俘),只要罗马人宣布确保塔林敦的独立和自由,他甚至可以帮助罗马人征服整个意大利。

粗看上去皮洛士的要求是非常慷慨大度的,但当时有一些意大利部族和希腊城邦已经投入皮洛士一方,如果罗马人同意了,就等于承认了皮洛士在塔林敦与罗马之间的仲裁者地位,全意大利任何一个受到罗马霸权威胁的部落和城市将会投奔到皮洛士的旗下。这对于罗马来说就是噩梦,皮洛士可以不战而获得大批的支持者,成为一个反罗马同盟的领导者。

当时的罗马元老院中并非无人看出皮洛士的目的,但大多数人还是倾向接受和平,因为他们刚刚打了败仗,还有俘虏在敌人手中。而且皮洛士也在战场上表现出了自己是一个非常优秀的统帅,如果再输一仗恐怕连现有的和平条件都拿不到了。这个时候,年迈体衰的阿庇乌斯·克劳狄·卡阿苏斯(Appius Claudius Caecus,绰号"失明者")在奴仆的扶持下来到元老院,要求发言,他说:"我本来因为眼盲而感到不便,但刚刚听到这个令人羞辱的议案才怨恨自己为什么仅仅眼盲,为何不连耳朵也聋掉?在我们年轻的时候,就算是亚历山大本人来到意大利,也绝不会赢得他的美名。而皮洛士不过是亚历山大的侍卫,伊庇鲁斯人不过是马其顿的属民,你们居然畏之如虎。一个连自己的王国都无法控制的国王,却声称要帮助我们征服意大利,如果你们答应他的无理要求,只会让罗马人成为全意大利的笑柄。如果皮洛士的军队一天还在意大利,我们和他就没有什么好谈的。"

老人的发言得到元老们的热烈反应,他们用以下的话回答辛尼阿斯:"假如国王离开意大利,元老院将很高兴能够成为国王的朋友;但只要国王一天还在意大利,那罗马人就会和他战斗到底。"随即他们便下令征发新兵,其数字为上次征兵数量的一倍。据说当辛尼阿斯回去后,皮洛士询问其对罗马元老院的印象,辛尼阿斯回答在他看来元老院是由一群国王组成的议会,宛如许德拉的九头怪蛇,与其交战绝非易事。

于是战争重新爆发,在战前罗马人派出使者法布里修斯想要用金钱赎回俘虏,性格高贵的皮洛士十分欣赏法布里修斯的刚毅质朴,便回答自己并非为了经商发财才来意大利的,慷慨大度地不要赎金释放了所有的俘虏。罗马人也投桃报李,释放了相同数量的塔林敦俘虏,而且当皮洛士私人医生写信给罗马人表示假如可以给他适当的报酬,他可以用毒药使国王暴毙以免去战场的损失,罗马的统帅立即派出信使通知皮洛士,提醒其防备小人的暗算。

公元前279年春天,罗马派出新任执政官普布利乌斯·德西乌斯·穆斯和普布利乌斯·苏尔皮基乌斯·萨维里奥统领四个军团南下,其总兵力大约为四万人,其中还有300辆专门对付战象的战车。两军在普利亚的阿斯库路姆遭遇,皮洛士一方的总兵力与罗马人差不多,不过在骑兵和战象上有优势。

在上一次战役中,皮洛士了解了罗马军团的优点,具有高度的灵活性,可以在方阵无法通行的地带灵活地机动战斗。于是他也相应地改变了己方的队列。在重装马其顿方阵之间穿插轻装的希腊步兵或俄斯克步兵,皮洛士希望因此可以增加军队的机动性。马其顿人置于右翼,中央由伊庇鲁斯、大希腊城邦同盟和俄斯克联军组成。因方阵在侧翼较为脆弱,皮洛士跟以往一样在方阵的两侧侧翼部署骑兵来保护这个弱点。皮洛士自己统率精锐伙伴骑兵和战象作为后备部队,在方阵后方待命。希腊联军方面在骑兵数量上较有优势,显然,皮洛士是以右翼作为"铁砧"的。

罗马人同样在先前赫拉克利亚战役中获得教训,也知道战象的可怕。罗马下定决心不计任何代价打败这种恐怖的野兽,设计一种对抗战象的牛车作为应对。对于这种反战象装置的详细说明仍有些争议,但可知在这种车辆上布满长枪、三叉戟、大镰刀和抓钩,甚至可以点火使战象惊慌失措,应该是一种可以机动的障碍物,交战时布置在战象可能冲击的地段。这种反战象武器由弓兵和投石兵操控。罗马军队由四个罗马军团组成,骑兵置于两翼,总计约四万人并由两位执政官率领。

阿斯库路姆战役分成两天,第一天罗马人抢占了不利于骑兵和战象活动的丘陵灌木地带,因此皮洛士只能派出步兵交战。根据希腊历史学家哈利卡纳苏斯的狄奥尼修斯记载,皮洛士军右翼的马其顿方阵击破配置在罗马军左翼的第一个罗马军团和拉丁同盟军,但中央的罗马第三个、第四个军团突破皮洛士军中央方阵的伊庇鲁斯、大希腊同盟和俄斯克联军。同时,罗马盟军多尼亚(Daunia)的骑兵急行攻入皮洛士军的军营中,皮洛士立即派遣后备的骑兵支援中央方阵遭受突破的缺口,并派另一部分伴友骑兵击退入侵营帐的多尼亚骑兵。当皮洛士军中央方阵边战边退,使罗马军队远离陡峭的山坡,皮洛士立即下令战象往罗马军第三、第四军团冲锋。起初战象成功击退罗马军队,但之后罗马军队躲到较高的灌木丛,使战象无法发挥该有的效果。皮洛士只得派遣萨姆奈特等轻装步兵去把罗马士兵从灌木丛赶出来,但遭到罗马骑兵拦截而被击退。此时天色逐渐暗了下来,双方各自收兵回营,第一天的战斗结束了。

次日拂晓,皮洛士派出轻装步兵夺取了有利的阵地,巧妙地迫使罗马人不得不在开阔地带交战。罗马执政官穆斯和萨维里奥企图在皮洛士的战象准备冲锋前先击败皮洛士的步兵方阵,指挥军团发起猛攻,然而皮洛士的步兵方阵成功抵挡住罗马战列的攻击,战象也到了冲锋前的定位。这时罗马启用 300 辆反战象车辆并在一开始时获得良好效果,但皮洛士的希腊轻装部队(psiloi)和战象上的标枪手驱离并击退这些车辆。紧接着战象在毫无阻碍下向罗马步兵冲锋,粉碎罗马的前两排战线,这时皮洛士率领伴友骑兵投入战斗,罗马被击败。但在最后一线后备老兵的掩护下,罗马军队大体保持着己方的行列,退回己方的设防军营。皮洛士以惨重的代价获得战役胜利。

这场战役中罗马人损失 6 000 人,皮洛士也损失 3 500 人。罗马人虽然损失较大,但皮洛士的损失中许多都是军官和精锐,是他近期无法弥补的。在战后一名部将向皮洛士祝贺的时候,他沮丧地回答:"再来一次这种胜利,我们谁也没法回伊庇鲁斯了。"这次战役后,皮洛士不久就应邀前往西西里帮助希腊人进攻迦太基人,虽然数年后他第二次回到意大利,但实际上此时他已经认识到,以他的实力是不可能阻止罗马人征服南意大利了。公元前 275 年,皮洛士在贝尼温敦与罗马人交战,虽然两军没有明显胜负，但皮洛士再也无法忍受这种损失了，他只得留下少量卫戍部队后离开意大利。三年后他死于希腊阿尔戈斯的一场巷战中。塔林敦在得知这个消息后立即向罗马人投降，罗马在意大利南部和中部的霸权终于确立了。

扎马战役

公元前205年，这已经是汉尼拔入侵意大利的第13个年头。在这13年里，汉尼拔一次又一次粉碎罗马大军，两次向罗马进军，毁灭了超过400个城镇，光是在坎尼一次就消灭了超过5万罗马人，俘虏了16 000人，其中包括1名现任执政官、2名前任执政官、2位财务官、罗马全部48名军团指挥官中的29名，以及80名元老（罗马元老院总数为300人）。罗马人的刚勇、纪律以及物质上的巨大优势在一个人的天才面前黯然失色了。

但随着时间的推移，战局渐渐变得对汉尼拔不利起来。当公元前207年他的兄弟哈斯德鲁巴率领一支军队和大量的金钱沿着汉尼拔的道路入侵意大利，企图和兄长会师一起进攻罗马的时候，好像命运女神在与汉尼拔作对一样，哈斯德鲁巴派出的信使落到了罗马人的手中。罗马人抓住了机会，在位于意大利北部的梅陶罗河上击败了哈斯德鲁巴，并将他的头颅装在箩筐里投进汉尼拔的军营中。在接下来的几年里，汉尼拔和他的军队局促在位于亚平宁半岛脚趾处，虽然胜利依然没有离开他的旗帜，但此时西西里已经丧失了，西班牙完了，罗马人与马其顿国王腓力五世也达成和议，而他手中只有一支疲惫的孤军。但即使是这样，罗马的将军们依然不敢与这位天才在战场上交锋，他们就好像一群猎人，小心地站在狮穴外，等待着孤独的老狮子自己死去。

对于罗马人来说，战争的胜利就好像天边的第一缕晨辉，依稀可见，但谁也不知道那是不是某颗划过的流星。经过14年的鏖战，意大利早已民穷财尽，兵役和汉尼拔的刀剑已经让人民流尽了最后一滴血，元老院甚至不得不派出使者前往埃及恳求托勒密给予粮食援助；而迦太基虽然失去了西班牙，但北非的本土安然无恙，国库里更是堆满了黄金和白银，随时可以募集到大批的雇佣军。更重要的是汉尼拔，还没有一个罗马人在他面前讨得便宜，只要迦太基能够将援兵派到他的麾下，噩梦又将重新开始，只要一次大胜，他就可以直逼罗马城下。的确，罗马人控制着海洋，但风和海浪变幻莫测，在战争中什么都可能发生。

此时在罗马有两种意见：其一是以老将费边为代表，他主张用时间来慢慢绞死汉尼拔，然后再说；而普布利乌斯·科尔内利乌斯·西庇阿则主张将战争带到非洲去，一举结束这场战争。西庇阿当时年仅31岁，但已经在西班牙立下了辉煌的战功，他不但扭转了西班牙对罗马不利的局面，而且攻陷了新迦太基——巴卡党人的巢穴，将迦太基的势力逐出西班牙。为了实施他的战略，在伊利帕战役打败迦太基人之后，他就亲身前往努米底亚（今天的毛里塔尼亚，迦太基最重要的雇佣兵来源地，出产优秀的骑兵），与当时努米底亚最强大的国王赛法克斯订盟进攻迦太基。在努米底亚人中有一个大部落马西利亚，其王子马西尼萨是在迦太基受的教育，并娶了迦太基首席元老哈士多路巴的女儿索福尼斯巴。赛法克斯十分爱慕索福尼斯巴，当迦太基人得知西庇阿和赛法克斯联合起来进攻迦太基的时候，便背着马西尼萨和哈士多路巴将其嫁给赛法克斯了，由此得到了赛法克斯的联盟。而当时马西尼萨与哈士多路巴都在西班牙，当两人得知这个消息的时候，马西尼萨极为愤怒，而哈士多路巴虽然也很难过，但他觉得为了自己的祖国，虽然对不起马西尼萨，还是除掉自己的前女婿比较好。但马西尼萨从前岳父的圈套中逃脱了出来，并回到自己的部落发动反对迦太基的战争。西庇阿与赛法克斯的盟约虽然被破坏，但却在不久之后与马西尼萨订立了联合进攻迦太基的协议。

由于太年轻和计划过于冒险的缘故，西庇阿在元老院里没有争取到很多支持，但西班牙的胜利给他带来了民众的支持，他破格当选为当年的执政官（当选执政官的年龄限制为40岁）。卸任后，元老院将西西里给他，那里只有由坎尼残部改编而成的两个军团，而且拒绝给予财政援助，西庇阿不得不通过招募志愿军来实现自己的计划。

公元前204年，西庇阿渡海在迦太基西北部的乌提卡附近登陆，随即与马西尼萨会师。迦太基人立即和赛法克斯合兵救援乌提卡，这是当时除了迦太基以外唯一一座有城墙的城市。西庇阿不得不退兵回到海岸边过冬。次年他通过夜袭和火攻彻底打垮了赛法克斯与迦太基的联军,斩获极多。而且在接下来的追击战中,赛法克斯被俘而死,马西尼萨成了努米底亚最强大的国王,西庇阿迫使马西尼萨杀死索福尼斯巴(以免其说服自己的前夫重新倒向迦太基),从而确保了自己在骑兵上的优势。

此时迦太基不得不与西庇阿和谈,以争取时间从意大利召回汉尼拔、从利古里亚召回马戈。汉尼拔返回迦太基后得到了兵权,双方停止和谈。此时他手下的军队主要是由三部分组成:他从意大利带回的老兵约有1.5~2万人;马戈的军队;迦太基的本土军队。其总数大约为58 000步兵、2 000骑兵、80战象。西庇阿有34 000步兵,骑兵8 700。汉尼拔的步兵数量上占有优势,但其中迦太基的本土军队是乌合之众,汉尼拔唯一可以信赖的只有从意大利带回的老兵。而西庇阿在骑兵的数量和质量上都有很大的优势,更重要的是,他充分运用了自己的优势,蹂躏了巴格拉达斯河流域的乡村,破坏了迦太基城的粮食供应,迫使汉尼拔不得不迅速求战,而不能训练迦太基的新军。

汉尼拔很清楚己方军力的弱势,便要求与西庇阿会谈,在次日的会谈中,汉尼拔要求讲和,条件为罗马拥有西班牙、西西里、撒丁岛,而迦太基控制阿非利加。西庇阿也认识到了己方的优势,遂以迦太基刚刚破坏和谈为由拒绝以上述条件议和,双方谈判破裂,战事遂在次日爆发。

由于骑兵上的差距,汉尼拔没有采用过去的两翼迂回包围战术,他将80头战象排成一个稀疏的横列;在象队的后面,是马戈的克勒特和利古里亚雇佣军;在这些雇佣军的间隙则是摩尔人弓箭手和巴利阿利投石手;在雇佣军后大约60米是刚刚招募的迦太基本土军队组成的第二条战线;在第二条战线后面大约160米则是他最信赖的老兵;骑兵部署在两翼。汉尼拔这么布置军队有两个用意:首先,战象可以恐吓敌军;其次,最不可信赖的本土军队夹在第一线和第三线之间,这样不用担心他们临阵倒戈,而且在战象和第一线冲乱敌军阵地后,第二线也比较容易进入对士兵素质要求比较低的混战,然后他就可以使用第三线的精兵进行致命一击。

西庇阿同样采用了传统的三线战术,但与往常不同的是,第一线和第二线的中队并不是间隔开的棋盘状,而是对齐的。这样一来在他的正面就出现了许多条甬道,如果敌军的战象发起冲击,就可以从这些甬道通过,而不会冲坏阵型。而且他还将自己的最后一线老兵布置得较平常更靠后些,以减小敌军战象的冲击力。最后,他将布置在两翼的骑兵中的努米底亚骑兵放在前面,意大利骑兵放得靠后,因为这些非洲骑兵已经习惯了战象的气味和声音,比较不容易受惊。

在双方的统帅发表演讲鼓励自己的战士后,战斗就开始了。但不像西庇阿所预料的那样,中部战线的战象在甬道里追击罗马的轻步兵,造成了很大的伤害,而左翼的战象却被罗马人的号角所惊吓,反而掉过头冲乱了汉尼拔的骑兵。马西尼萨抓住战机,打垮了对面的敌人,并开始追击。罗马人的左翼骑兵也打败了对面的敌人,脱离战场开始追击。

步兵的战斗开始了,最初似乎是汉尼拔占有优势,但他的第二线未能及时支援第一线,在罗马人交替的压力下,开始逐渐后退。而汉尼拔的第二线不让第一线的败兵通过己方后退,结果发生了残酷的自相残杀,战线混作一团。罗马人的第一线和第二线压迫着他们向后退却,汉尼拔的第三线拒绝让他们通过,于是这些溃兵便绕过他们的两翼,落荒而逃。

此时最残酷的战斗开始了。西庇阿下令将伤兵抬到后方,青年兵撤到两翼,最后一线的老年兵补充壮年兵的空隙,排成密集队形,开始进攻(即中央是密集队形,两翼是死伤最多的青年兵保护),双方开始最后的残酷战斗。

如果双方都只剩下步兵,那么汉尼拔还有可能赢得胜利,但在这个紧急关头,马西萨尼追击的骑兵回来了。他们从背后向迦太基军队发起冲击,许多人就在原有的行列里被杀死,迦太基军几乎全军覆没,罗马人自己死伤2 500人;马西尼萨损失更大,在这场残酷的血战中即使战胜的一方也付出了相当惨重的代价。汉尼拔本人由少数骑兵掩护,逃回了哈德鲁门坦,在那里他还有一支不大的军队保护着他的军需。

这次战役决定了整个战争的胜负,不久之后迦太基就同意了西庇阿提出的议和条件。根据和约,迦太基人失去了腓尼基壕沟外的所有土地,交出战象和战舰,在未来五十年要给予罗马一万塔兰特的赔款,并且不经罗马人允许,不得和任何其他国家开战。实际上,迦太基已经沦为罗马的一个属邦。

法萨卢斯战役

公元前 47 年冬天,当恺撒征服了内、外西班牙行省,迫使在两西班牙行省的庞培派 7 个军团大军投降,返回到罗马的时候,在亚德里亚海的对岸,庞培已经建立了一支九个军团的大军,此外还有 7 000 骑兵、3 000 弓箭手、1 200 投石手。更重要的是,庞培的实力还在不断增长中,共和国的舰队在他的手中,海洋是属于他的,庞培可以从富庶的地中海东岸诸行省汲取人力物力;梅特路斯·西庇阿(Metellus Scipio)正率领着两个军团在从叙利亚赶来的路上,形势正在一天比一天变得对恺撒更加不利。

任何一个统帅处在恺撒的境地都会觉得非常棘手,拖延只会让庞培招募来更多的军队,那些脸上长满粉刺的新兵也会在老兵的操练下变得强壮而又勇敢。也许庞培是一个迟钝的将军,但这也意味着在战争中他几乎不会犯错误,几十年的军事生涯让他对战争中那些小把戏早已明了于心,在战场中想要打败这样一个人是非常困难的。从意大利到迪尔拉奇乌姆,如果走陆路,要花费几个星期乃至几个月的时间,而迪尔拉奇乌姆距离意大利海岸走海路只有一天的距离。当恺撒在崎岖的山路上跋涉的时候,庞培很可能已经渡海占领了罗马。摆在恺撒的面前只有一条路——海路,但当时是冬天——亚得里亚海最不适宜航海的季节,庞培还有舰队,控制着海洋,恺撒应该怎么办呢?

公元前 48 年 1 月 4 日,恺撒率领着全军总共 12 个军团中的 7 个(20 000 步兵,600 骑兵,当时军团普遍不满员)上船出海,剩余的 5 个军团等舰队回来后再运他们过去。由于缺乏运输工具,在船上没有随军奴隶、粮食、驼畜。次日恺撒的军队顺利地在迪尔拉奇乌姆以南 100

英里左右的帕莱沙（paliassa）登陆。不过回程的运输船就没有那么幸运了，他们遇到了闻讯而来的庞培海军，被击沉了 30 条。

当时庞培正在从马其顿征兵回来的路上，当他得知恺撒抵达的消息，立即强行军至阿普苏斯河北岸的库西，占领了一个坚固的阵地，而河的对岸就是恺撒的军队。庞培在数量上占有优势（步兵有 3.6 万，骑兵的优势更大），但是他的军队多半为刚刚征集的新兵，而恺撒的手下是从高卢便跟随他的老兵。于是他小心地选择了一个可以确保军队与迪尔拉奇乌姆之间联系的阵地（他的金钱、储备、作战机械都存放于此地），修筑了工事，拒绝与恺撒野战。

情形对恺撒很不利，他现有的兵力不足以分兵进攻迪尔拉奇乌姆和城外庞培的军队，己方军营附近不多的粮食很快就被消耗掉了，而庞培的骑兵占绝对优势，控制着原野，分兵去更远的地方打粮无疑是找死。于是他派出使者让安东尼尽快将剩下的军队带过来，企图改变双方的兵力对比。

可能在 2 月底的时候，安东尼带领四个军团和 800 骑兵乘船渡过亚得里亚海，在迪尔拉奇乌姆以北的一个叫作尼姆法乌姆（nymphaeum）的地方登陆，庞培得知后立即引兵北上企图先攻击安东尼的孤军。但恺撒的使者找到了安东尼，安东尼躲过了庞培的军队，与恺撒在格努苏斯河（genusus）的斯康皮（scampi）会师。庞培只得回师控制着艾格拉提亚大路的阿斯帕拉吉乌姆（asparagium），等待自己的副将梅特路斯·西庇阿的援兵。增加了兵力的恺撒则分出两个军团和 500 骑兵让手下去对付西庇阿，又派出一个军团和五个大队以及 200 骑兵前往色萨利与阿托利亚地区寻求粮食，准备与庞培持久战。

这个时候传来了一个坏消息，庞培的长子格劳斯·庞培摧毁了在意大利奥里库斯的恺撒海军基地，消灭了里面的所有运输船队，而另一位庞培的舰队指挥官也摧毁了安东尼在利苏斯（lissus）的海军基地。这样一来，恺撒的所有船队都被消灭了，彻底失去了和意大利的所有海上联系。

现在摆在恺撒面前只有一个选择了，迅速寻求会战歼灭庞培军（因为陆路十分难走，庞培还会有援兵来，而恺撒已经不可能有援兵来了，而且当地的粮食不足以供应大军，有海军的一方才能从外运送补给进来）。于是恺撒直逼庞培在阿斯帕拉吉乌姆的大营前，将军队排成队列发起挑战，但庞培并不理会。恺撒决定直扑迪尔拉奇乌姆，切断庞培与其基地的联系，或者将庞培封锁在迪尔拉奇乌姆里。

恺撒首先沿着格努苏斯河向上游撤退，装出一副粮食不足去搜集补给的样子，但当恺撒退到克罗地亚那（clodiana）的时候，却北渡格努苏斯河直扑迪尔拉奇乌姆。庞培这才发现了恺撒的企图，他迅速带领军队沿着艾格拉提亚大路向迪尔拉奇乌姆撤退。当恺撒抵达迪尔拉奇乌姆，宿营在以东数里外的一个小山岭的时候，发现庞培的前卫正沿着艾格拉提亚大路向迪尔拉奇乌姆前进。当庞培发现自己与基地的陆地联系已经被恺撒截断，他冷静地选择了一个十分有利的阵地——格拉巴——巴尔干山脉自东向西延伸，向亚得里亚海深入狭窄的迪尔拉奇乌姆沙嘴，该山脉在迪尔拉奇乌姆以东三里外，向南伸出一个支脉，它也蜿蜒至海中，而主脉与支脉之间则包围着一块以海滩岩礁为中心的平地，庞培就将自己的军队驻扎在这里。

由于庞培就在自己的背后，恺撒不可能对迪尔拉奇乌姆发起围攻。但他也不可能置庞培不理，因为这样庞培就可能渡海进攻意大利，而且内地开阔的地形也更可以发挥庞培骑兵的优势，所以恺撒作出了一个非常大胆的决定——以弱势兵力一方包围庞培。因为所在地地形十分贫瘠，如果能将庞培封锁在那一小块海边的平原上，既可以保护自己收集粮秣的队伍，也可以削弱庞培的骑兵，因为很快那些马就没草吃了。

于是恺撒命令自己的军队修筑了一条壁垒，北从佩特拉起，南面直抵莱斯尼基亚河（lesnikia）。当然这条壁垒中间有许多部分都借助地势在山岭之上，但总长度也有24公里，与庞培的阵地大约有1.6到2.5公里的距离。接着恺撒让士兵修筑堤坝，把所有流往庞培营地的河流改道。庞培一方虽然粮食还可以从海上用舰队运输，但水和牲畜的草料却日渐匮乏（其实这个时候恺撒的军粮也十分窘迫，当地的粮食已经被吃得差不多了，他手下很多士兵甚至不得不以一种豆科的野草为食。当庞培的士兵嘲笑恺撒的士兵已经快挺不住的时候，恺撒的士兵将这种野草制成的面包丢到敌人的阵地上,表明自己可以坚持下去。庞培得知后下令封锁消息,以免让自己的士兵知道后士气降低)。于是庞培面临两个选择:是渡海入侵意大利,还是打破恺撒的封锁。庞培决定选择后者。

首先,庞培放出假情报,称迪尔拉奇乌姆城内有部分人看到情况不利,想要投靠恺撒。恺撒信以为真,夜里亲自带领一支小军队来到迪尔拉奇乌姆的近郊,遭到伏击,险些丧命;同时庞培派出四个军团进攻壁垒线上的一个堡垒,守卫该堡垒的只有一个大队,但没有被攻陷,事后恺撒在堡垒上找到了三万支箭和机械发射的短矛。

此时庞培得到了幸运女神的垂青,恺撒的两个高卢军官逃到了庞培这一边来,从他们口中庞培得到了关于敌人筑垒的详细情报。

恺撒的封锁线的南端直抵海边,在封锁线的前面,是一个已经被放弃了的旧营地。为了防止庞培的军队从海上绕到工事的背后登陆夹击己方,恺撒在这道工事的后面大约180米处修建了一条平行的壁垒,这样守兵就可以在两条壕沟之间宿营防御。但由于时间的关系,两条壁垒线之间面朝海边的那一段还没有用工事连接起来。

得到了情报的庞培制定了一个非常优秀的计划,他派出60个大队,将其分成三部分,主力先占据这个旧营地,以其为基地从正面发起进攻,牵制恺撒的守军;剩下两部分从海上绕过防线,分别在两道壁垒线的中间和第二道壁垒线的背后登陆,同时发起进攻。进攻是在公元前48年7月9日的拂晓执行的,此时正是守兵交接勤务的时候,遭到三面夹击的守兵立即被击溃,一共两个大队的守兵沿着两条壁垒线之间的空隙逃走,闻讯赶来的预备队(八个大队)好不容易才整顿好溃兵。得知消息的恺撒与安东尼赶忙带领援兵赶到,击退了庞培的进攻。与此同时,庞培在敌军内壁垒线的南面修建了一个新的营地,以确保打破恺撒的封锁。

在粗略了解了情况后,恺撒决定先夺回庞培军进攻的出发点——旧营地。他当时手中一共有35个大队的士兵,他留下两个大队防御,剩下的33个大队分成两个纵队,分别进攻旧营地的东面和北面,攻击东面的纵队攻进了营地。但另外一个纵队却遇到了一条新修成的直抵河边的壁垒，他们以为这是营地的围墙，便沿着围墙想要绕到营地的北面去，结果走到河边才绕过围墙，进入了一块被营地、壁垒、河流、海岸包围的狭小围墙。

此时庞培也得到了恺撒进攻的消息，他立刻带着五个军团前来支援，当他发现恺撒的军队被营地隔开，相互无法支援，便立即派出骑兵沿着营地东面的平原发起冲击，准备从背后进攻恺撒。绕过围墙进攻营垒北面的恺撒纵队见状便想要撤退，却被围墙阻拦，慌乱间士兵们纷纷爬墙逃命；此时营地内的庞培守兵看到援兵到了，也发动逆袭，已经攻入营地的恺撒纵队听到己方溃败的消息，也失去了斗志，结果一发不可收拾。事后统计，恺撒一共损失了960名士兵，32名军官和32面军旗，绝大部分人都是自相践踏而死的，如果不是庞培没有发动追击，恺撒的损失还要大得多。

情况变得对恺撒极为不利，他的军队比庞培少得多，而士气动摇，根本无法守住这么长一条封锁线。于是就在当天的日落后不久，他就开始撤退并通过连续多日的艰苦行军摆脱了庞培的追击，并与自己派去对付西庇阿的两个军团会合，庞培也在不久之后与西庇阿的两个军团会合，两军在赛诺斯西法莱山地下的法萨卢斯平原对峙，庞培占据了多刚德齐斯山（dogandris）斜坡的有利阵地。恺撒每天都向庞培发出挑战，但庞培依旧置之不理。原因不难揣测，两军所在的国度土地十分贫瘠，很难维持大军长时间的供应。而庞培一直十分小心地保持着和迪尔拉奇乌姆的联系，通过海上他可以从埃及获得足够的粮食，而优势的骑兵在不断攻击恺撒的后勤和补给纵队，他没有必要和一群陷于绝望中的敌人交战。恺撒在这个位置上也会做同样的选择。

正当恺撒的谷仓即将见底，他下令收起帐篷拔营和庞培玩下一轮追和逃的游戏时，传令兵带来了让人惊喜的消息——庞培正在营地外排列他的军队，恺撒立即对部下宣布："留下来，准备会战。"

此时恺撒的总兵力大概有八个军团（80个大队），但由于先前的交战和艰苦的行军，其剩下的兵力只有步兵21 000，骑兵不到1 000。而庞培一共有11个军团，47 000步兵与7 000骑兵。当然庞培的军队素质参差不齐，除了从意大利带来的三个军团以外，其余的八个军团都是刚刚从平民征发来的新兵与败军的残部整编而成，无法与恺撒的百战之师相比。但庞培一方最大的弱点并不是这些，而是在庞培本人的性格上。他不可谓不是一名良将，但却缺乏成为一个独裁者所需要的那股子蛮力，他一面孜孜以求能够在共和国获得一个特殊的地位，可当这个特殊的地位在向他招手的时候，庞培又顾惜自己共和国保卫者的名声不愿意弄脏手去攫取；当某些人与法律未曾在他面前表示绝对的顺从，他怀着深深的愤怒接受了这一现实；但他自己又处处以平等者的一员的形象出现，带着并非完全做作的谦和，只要一想到去干某件违法的事情他的灵魂就会感到战栗。一句话，庞培既想要攫取国王的权杖，但又希望自己不用动手而由众人将权杖硬塞到自己手中。

正是由于这个原因，明明他实际上已经掌握了共和派的全部军事力量，也知道与恺撒决战是非常冒险的事，但面对己方阵营中那一群庸才对于他为了保持"王中之王"的地位而故意拖延战争的指责，庞培还是本能地选择服从众人的意见。相比起恺撒来，庞培还是太"民主"了些。

庞培将自己的右翼部署在艾尼皮努斯河旁，只有600名本都骑兵，而步兵依照惯例排成三条战线，而在左翼则是剩余的全部骑兵，以及他的弓箭手和投石兵。显然庞培打算利用自己在骑兵上的巨大优势迂回恺撒的右翼（庞培军的右翼靠近河，无法迂回）后面赢得胜利，另外他留下了7个大队的兵力守卫自己的军营，并将部分辅助部队放在战线之间，作为轻步兵用。

当庞培布阵的时候，恺撒在一旁监视着，他判断出了庞培的意图，他立即将自己全部1 000骑兵全部放在右翼，同时还抽调了一部分轻步兵去加强它。另外他还从第三线（即后备兵）中每隔一个中队抽调一个支队来，组成了第四线，让其与第三线形成一个斜交。由于前面三线军队，庞培没有发现恺撒的这个动作。恺撒告诉这些士兵，在接下来的交战中，不要投掷标枪，而要将标枪作为短矛使用，攻击骑兵的脸。

两军对峙了很长时间，庞培一直没有下令进攻，因为他想要保持己方军队阵型的完整，其次如果恺撒先进攻，敌人就必须先通过两军之间的空地，可以消耗敌人的体力。而恺撒认为应该鼓励而非压抑士兵的战斗热情,所以他首先发出了进攻的号令,交战开始了。

  一开始两军的中央阵线相持不下,庞培让拉比努斯指挥着左翼的骑兵在弓箭手和投石手的掩护下发起了猛攻,很快就打垮了恺撒的骑兵和轻步兵。正当他们准备攻击恺撒的右翼,第四线的恺撒步兵突然向其发起了猛攻。队形已经散乱的庞培骑兵措手不及,被打得转身逃走,失去了骑兵和掩护,弓箭手和投石手也被恺撒的第四线步兵所赶跑,于是第四线的步兵绕过了庞培的左翼,开始从后方发起猛攻,而恺撒同时投入了第三线的后备兵,突破了庞培的正面。

  当庞培发现己方的骑兵被打垮后,他就丧失了斗志,因为他对自己的步兵是不信任的。庞培立即逃回了大营,失去了主帅的庞培军很快就崩溃了,他们纷纷逃回大营。而恺撒并不休息,逼迫着、鼓励着士兵们继续追击,很快就攻破了山坡上的敌营。败兵们惊慌地向山上逃去,他们想要逃回拉里萨,那里是一个他们的后勤基地,有足够的储备让庞培军重整旗鼓。但恺撒的军队却连夜沿着大路行军,挖掘了一条壕沟,切断了败军通往附近唯一水源的道路。到了第二天清晨,大约两万名败军向恺撒投降了。不过这中间不包括绝大部分共和派将领和庞培本人,他们中的绝大部分人将在未来几年死去——或死于他人之手,或是自杀。

日耳曼

"高贵的野蛮人"——日耳曼人

环视公元前后的地中海世界,只有两个民族的脖子上还没有套上罗马人沉重的牛轭,享受着与生俱来的自由,一个是以善于骑射而闻名的帕提亚人;另外一个便是日耳曼人。对于前者,罗马人有一句这样的谚语:"别的民族都是向前进攻的,而帕提亚人却是向后进攻。"意即帕提亚人以骑射手闻名于世,在与罗马人交战时往往一边策马后退一边返身射杀敌人。罗马短剑虽利,重装步兵却追不上帕提亚的骑射手,根本没有发挥的机会。卡莱之战中,七个罗马军团几乎全军覆没,前三巨头之一的克拉苏也身陨。随后罗马人虽然与帕提亚人多次交锋,互有胜负,但未曾讨得多少便宜。显然在两河流域干旱少水的沙漠和稀树平原地带,使用筋角复合弓的骑马弓箭手与贵族铁甲重骑兵这一黄金战术组合对以步兵为主的罗马军团,在战术上享有相当的优势,贸然发起进攻是不明智的。虽然如此,罗马人对于帕提亚人的胜利却颇有微词,毕竟对于绝大多数古罗马人,真正的英雄是手持长矛的阿喀琉斯,而非百步穿杨的帕里斯,荣誉归于在面对面的肉搏战中杀死敌人的勇士,而非在安全的远处放暗箭的弓手。

而对于另一个敌人日耳曼人,罗马人却颇多溢美之词。在不少当时的罗马上层人物看来,相比起当时已经在免费面包和角斗表演中堕落的罗马公民,日耳曼人更符合早期罗马人的美德标准,塔西陀更是在其著作《日耳曼尼亚志》中称其为"高贵的野蛮人"。而日耳曼人也无愧于罗马人的称赞,他们不但将罗马人的牛轭从自己的脖子上挣脱了下来,捍卫了自己的自由,而且在几个世纪后罗马帝国衰亡时取而代之,成了欧罗巴的主人。

  与希腊人、马其顿人、罗马人一样,日耳曼人的军事力量中最主要也是最重要的部分是步兵。当然日耳曼人也有骑兵,但绝大部分骑兵其实不过是骑马的步兵,他们在行军和机动的时候骑马,但是在战场上却往往是下马的,其战斗力也无法与当时西亚和北非的骑兵相比。这是与日耳曼人的生活环境相适应的,如果从地图上看,整个欧洲就好像一个巨大的夹在地中海与大西洋的半岛,气候湿润,在古代从莱茵河两岸直到东欧的大草原几乎长满了茂密的原始森林,今天世界闻名的德国黑森林不过是这片森林的一小块遗迹罢了。可以毫不夸张地说,在古罗马时代,一只松鼠可以在从柏林通往马德里的旅行中脚不落地。日耳曼人的家园便是这样一大片连绵不断的原始森林,在森林中有大量的湖泊、沼泽,唯一适合通行的道路只有狭窄崎岖的小路。不难看出,在这样的环境里,战马唯一的作用只是一个代步节约体力的工具,箭矢只会被遮天蔽日的树木所遮挡,唯一能够发挥作用的便是步兵;其次日耳曼的马身材矮小,并不适宜作为骑兵的乘用马。

  由于缺乏铁的缘故,早期日耳曼步兵的武器是十分粗陋的,通常情况下,一个日耳曼武士的装备不过是一个盾牌,一根短矛。矛尖呈叶状,可以用来刺杀,也可以用来切割,有时候他们也会佩戴短剑,不过这种武器更多的是当作随身的匕首而非战场上的武器。另外他们还携带着一些用于投掷的标枪,但相比起罗马人粗壮的重投枪,日耳曼人的投枪要轻得多,射程自然也远许多。他们的盾牌通常是用柳条编织而成,外面蒙上兽皮,比起罗马人那种方形盾面积要小,也要轻便许多。绝大部分日耳曼人也没有盔甲,无论是金属还是兽皮制成的头盔都很少见,许多人干脆是赤裸着上身上战场的。至于弓箭手、投石手之类的辅助兵种更是少之又少。

  不难看出,相对于希腊和罗马的重装步兵,日耳曼的装备要简陋得多,他们的长矛要短,甚至连色雷斯的皮盾兵,手中的武器装具都要比日耳曼人好得多。不过对于日耳曼人来说,他们的盾牌拥有特别神圣的意义。将盾牌遗弃到战场上便是莫大的耻辱(可能因为盾牌上有部落或者祖先的标识),这么做的人往往会自杀以殉。由于文明水平的局限,其将领的调度韬略更是无法与马其顿、希腊、迦太基人相比。但是日耳曼人也有他们的长处:黑森林中的艰苦生活锻炼了他们的体魄;频繁的狩猎让士兵们习惯危险和熟练地使用武器;虽然缺乏指挥大规模远征和步兵骑兵弓箭手组成的混编部队的经验,但其指挥官对于林间空地的中小规模战事却十分熟练;最重要的是,与已经进入了"文明社会"的罗马、希腊人不同,对于日耳曼人来说,战争与耕种、放牧相同,是一种常态,是生活中不可或缺的一部分,平时部落中的成年男子在首领的指挥下与相邻部落为了土地、水源、牲畜、女人而战斗,但战争中的间歇期,年轻的战士们则离开故乡前往其他有战争的地方,参加其中一方,寻求战利品和荣誉,而在战争中赢得胜利的首领则拥有更大的声望,仅凭借其声望可以吸引大批战士投到他的麾下。这样一来,日耳曼人就克服了绝大部分处于部落阶段的落后民族的一个致命弱点,因为与以地域为纽带的国家不同,维系部落存在的链条是血缘关系,部落中的每个成员都有着或近或远的血缘关系。一个部落的人数不可能无限增长,因为一旦部落成员间的血脉疏远到一定程度,这个部落就会分裂开成为几个部落。因此一个部落所能拥有的军事力量是有一个上限的。古代文明国家相对于落后民族有一个巨大的优势,相对于每一个部落,文明国家的军队都有数量优势,因此国家可以通过各个击破的办法征服总人数远远超过自己的落后民族。而日耳曼人就不同了,虽然和其他民族相同,其部落与部落之间也经常发生冲突,但是当有强大的外敌出现时,只要有一个拥有巨大声望的伟大人物振臂一呼,各个部落中的战士就会以个人的身份来到他的麾下,部落战争中结下的旧仇不会成为并肩作战的障碍,因为对于日耳曼人来说,要参加战斗就首先必须在神前向首领许下在战争时期向其效忠的誓言。这种在神面前许下的誓言对于日耳曼人来说是无比神圣的,任何触犯这种誓言的人会遭受神的诅咒,没有任何一个部落会愿意接收他们,只有死路一条。从某种意义上讲,共同神的崇拜替代了国家,成为维系蒙昧时期的日耳曼民族的一条纽带,使其抵挡住了罗马军团,没有成为消亡的无数古代民族之一。

即使在残酷的古代世界中,日耳曼人在诸民族中也是以好战、勇武而闻名。无论什么时候,日耳曼人都是手不离武器的,即使是宴饮时,日耳曼人也将短矛和盾牌放在手可以够得着的地方。在日耳曼人的宴会上唯一的节目就是战士在枪矛间的舞蹈,以显示年轻人的敏捷和勇气。但并不是所有的日耳曼人都可以持有武器,只有当一个男子到了一定的年龄,被部落里认为有资格持有武器,才会被酋长、父亲或者亲属给他一面盾牌和一支短矛。在此之前,这个人还不能算是部落的一员,只被看成是家庭的一员。显然,在日耳曼人看来,拿起武器为部落而战是一个部落成员最无可推卸的义务,如果一个男子不能承担这个责任,无论他实际多大,还是只能被当作一个孩子。

在日耳曼人中,已经有国王存在了,不过与其称之为国王,不如说是较大的部落酋长。国王的产生是部落中的成年男子根据出身推举的,而且权力很小,实际上不过是一个军事指挥官。在和平时期,权力掌握在祭司手中,因为祭司可以代表神的意志,裁判部落内部成员的争端,审判罪犯,甚至主持部落的公有土地划分给成员。但无论国王还是祭司,其权力在很大程度上也受着各种传统风俗的限制,不能随心所欲地按照自己的愿望行事。从某种意义上讲,黑森林中的日耳曼人中,即使是地位最低的部落成员,在和平时期也比罗马城中绝大部分成员生活得自由。然而一旦战争爆发,国王的权力就会迅速扩大,战士必须无条件服从国王的命令。从这一点就不难看出日耳曼人的首领为何那么好战了。

在年幼时,日耳曼人之间是非常平等的,即使是酋长或者国王的儿子,也和奴隶的孩子一般在泥土里滚打,绝无两样。当其还未成年时,无论出身有多么高贵,日耳曼人都会先投到部落里某个年富力强、阅历丰厚的首领手下成为侍从,首领有义务给侍从提供丰富的食物、武器、坐骑;而侍从则有义务跟随在主人左右,战争时排列在主人两侧,并肩作战。一个首领的侍从越多,越勇敢,那么这个首领的名声就越为远扬,就会有更多的人向他馈赠礼物,恳求他的保护和调解纠纷。有时候仅仅凭借一个有势力的首领的一句话,就足以慑服敌人。

在和平时期,日耳曼战士的时光是消磨在狩猎中的,剩下的时光便是吃喝睡觉,一切生计家务都是妇女和老弱的事情。有名望的首领和他们的侍从依靠本部落和邻近部落的馈赠生活,主要是牛群和谷物。牛群是日耳曼人最重要的财富,他们当时还不懂得金银以及其他奢侈品的用处。对于日耳曼人来说,比起在土地上流汗耕耘收获,流血去劫掠更符合他们的心意。而且日耳曼人也还没有土地私有的概念,他们每到一地,部落酋长与长老们便将土地按照人口的多少划分给每个家庭,耕种一年后便轮换一次,以确保公平。至于借贷索取利息更是无有之事,除了极少数邻近罗马人疆域的部落,其他部落也不识金银钱币。部落中无论贵贱,都不过穿一件外衣。他们唯一的娱乐方式便是饮宴和赌博。在饮宴时,时常将长矛或者刀剑插在地上,剑刃朝上,然后让青年男子赤裸着身体在其间舞蹈,当然这种游戏非常危险,也是一种考验勇气和身手的方式。赌博可能是日耳曼人少有的恶习之一,绝大部分日耳曼人都十分好赌,当赌注输光便毫不在意地将自己的自由和生命作为赌注。当赌输后,即使对手是一个体力远不及自己的弱者,他也会俯首听命,任对方将自己带走。

宴饮时的日耳曼人

日耳曼人通常是带着自己的妻子、母亲、孩子出征的。对于他们来说,战争有两种,一种是一群年轻人在首领的指挥下四处劫掠冒险;另外一种则是全部落的迁徙,寻求征服新的土地。

在交战时日耳曼人按照亲属与血缘关系列阵,而他们的亲人妻小便在军队的后面,通常是车营之中。他们布置军队的时候,越是亲近的人就靠得越近,这样战况不利的时候就不会抛弃自己的战友逃生。首领们则在第一排,首领的两边是自己的侍从们。当交战的时候,首领们相互竞争,以勇敢和身先士卒的精神激励战士们;而侍从们则以跟随自己的主人为准,如果首领战死而侍从生还,这就是毕生的耻辱,会被所在部落排斥出去,结局往往是自杀而死。

临战之前,祭司们穿行于行列之中,大声咏唱祭祀托尔神(thor)的颂歌,战士们齐声应和,这便是古代文献中经常提及的"拔力吐(barritus)",即颂歌。因为日耳曼人当时还处于蛮荒时期,并无文字书籍,祭司们口口相传的歌颂古代国王与神灵事业的歌谣便是唯一的载体。日耳曼的军队其实就是各部落的成年男子,虽然各部落源自一个祖先,但时日久远,各部之间早已言语风俗不同,唯一能够将他们联系在一起的便是对同一神灵的祭祀。日耳曼人的宗教虽然形式简陋,但其人却极为质朴虔信。在临战之前,随着祭司齐声咏唱颂歌,战士们齐声应和,其精神自然汇为一体。因此日耳曼人在战前总是根据"拔力吐(barritus)"的情况决定战事的胜负,他们认为天神在倾听双方的颂歌,决定哪一方应该赢得胜利。而古罗马史学家塔西陀则称之为"心的共鸣",这个称谓不可说不恰如其分。

开战之后,男人们在阵前厮杀,而妇女们在阵后撕裂自己的上衣,袒露胸脯,大声地向神祈祷,其声音甚至会压倒阵前的厮杀声。这样战士们就会明白假如他们被打败,失去生命和自由的不只是他们自己,他们们的妻子和母亲也将被人奴役,因此会格外奋勇。传说中,有许多次已经溃败或者即将溃败的战役都被妇女们挽救回来。如果有战士受了重伤,他往往会回到或者被抬到自己的妻子或者母亲面前,向她们袒露自己的伤口,而这些女人们也毫不畏惧地要求数一数这些创口,为自己的丈夫和儿子的勇气而赞叹。据说马略在击败辛布里人和条顿人后,其妇女为避免被罗马人奴役,杀死伤者与老弱之后全部自杀,宁可死也不愿成为奴隶。因此,与罗马人那种纯粹父权制度的家庭制度不同,在日耳曼人的家庭中女性的地位是很高的,婚姻也是一夫一妻制度,如果能够从其得到部落中身份高贵的少女作为人质,往往可以得到部落战士的矢志不渝的效忠。而且,日耳曼人认为妇女身上有一种神秘的预知未来的力量,在部落中有些特殊的妇女还会被尊崇为神明。这应该是原始社会母系和生殖崇拜的残余。

战场上的日耳曼妇女

　　日耳曼人最基本的战术单位叫"马尔克",这个称谓在他们的语言里也就是"村社"的意思。通常情况下,一个村落会派出一百名战士,组成一个"马尔克",所以也可以将其翻译为"百人队"。在交战时,最年轻敏捷的年轻人在第一排,排成楔形队列,以冲破敌人的阵线。与希腊和罗马人不同,日耳曼人并不以后退为耻辱,他们将其认为是一种战术而非失败,这是和他们作战环境相适应的。在狭窄、到处是沼泽和密林的林间空地,贸然采用密集队形的冲击显然是不合时宜的,采用松散队形,屡进屡退才是良策。与罗马军团交战的时候,他们往往一开始向受到良好保护的敌人投掷标枪,引诱罗马人离开他们的行列(他们的标枪比罗马人的要轻,射程也更远)。当罗马人追击他们的时候,他们便向后撤退,将对手引到松软地面或者狭窄地带然后再回头反击,一来可以破坏罗马人 的队形;二来也可以消耗身披重甲的罗马人的体力。

　　由于通常情况下两军的战场是狭窄的林间空地,四周往往环绕着沼泽和森林,罗马人一旦阵型破坏就很难恢复,引入沼泽地更是死路一条。而且罗马士兵身披盔甲,比日耳曼人更容易疲劳,几次进退之后,战斗很容易陷入犬牙交错的混乱局面,罗马人的组织和装备优势就无法发挥了。

　　日耳曼人还有一种常用的战术,那就是将骑兵(骑马步兵)与身手敏捷的年轻人一一搭配起来,进攻的时候步兵向前发起猛攻,而骑兵则在步兵的后面和两翼用标枪来支援他们;当形势不利的时候,首领发出号令,步兵便抓住骑兵的马尾巴,一起以很快的速度撤走,让罗马人追之不及。这样一来,罗马人就始终处于被动挨打的状态。

　　在公元三世纪以前,日耳曼人还处于部落阶段,整个民族被分成几个或大或小的部落同盟,经常相互交战,对罗马人的威胁较有限。但是在日耳曼人中有一个特殊的习俗,那就是每个著名的军事首领都不习惯和平,假如本部落长时间太平无事,这些军事首领就会带着自己的侍从去寻找正在发生战事的部落,参与战争。日耳曼人这么做的缘故有二:1.那些首领的天性好动而恶静,只有在战争中才能维持他们的声望。2.首领是依靠自己的家财和部民的馈赠来养活手下的,如果长时间和平他就无力养活这些追随者了。因此虽然日耳曼人当时还处于一个部落分裂的阶段,但一个名声显赫的英雄只要振臂一呼,就会有无数勇士从千里之外的部落赶来与罗马人交战,以赢得不朽的声望。也正是这个原因,条顿堡森林之战对于日耳曼人有着极其特殊的历史意义。在这次战役中,日耳曼英雄阿米尼乌斯不但一举歼灭了三个罗马军团,而且赢得了极其巨大的声望,因此他才能够在随后(公元 16 年)有能力抵挡罗马人的两次进攻(阿米尼乌斯是切鲁西人的首领,但仅凭本部落的力量显然无法抗衡罗马大军)。当时罗马人的统帅是著名的"共和孤儿"小日耳曼尼库斯,他的两次出兵远征虽然取得了一定的战果,但都没有达到杀死或者抓到阿米尼乌斯本人的目的,而且损失惨重。无法控制莱茵河以东的土地,这实际上已经证明了莱茵河就是罗马帝国的威力的极限。虽然阿米尼乌斯于公元 17 年在战胜马克曼尼人后被谋害,但其已经激起了日耳曼人追求自由和独立的雄心,无数日耳曼人都以他为榜样与罗马人奋战。因此在十九世纪晚期欧洲民族独立风潮兴起的时候,此人被推崇为日耳曼民族的英雄也就不足为奇了。

条顿堡森林之战

虽然从战役的规模参战的人数来看,条顿堡森林之战在西方古代历史上最多也只是一场中等规模的战役而已,但后人总是用政治后果来评价一场战役的重要性。如果罗马人没有遭受这次惨败,很可能日耳曼人也会与高卢人、伊比利亚人、腓尼基人一样,最终成为罗马帝国统治下诸民族的一员,而罗马的疆域也会推进至易北河一线,不复有莱茵河和多瑙河之间的那个凹陷部分,直接与东欧大草原接壤。欧洲(主要是中欧与西欧)在罗马帝国衰亡后也不再会四分五裂,而会像中国那样成为一个大一统国家(如今天的欧盟)。然而这不是现实,其原因不过是因为耶稣诞生后第九年黑森林里的这场伏击战。

公元前28年,当屋大维获得"奥古斯都"尊号的时候,共和国的北部边疆却处于极为危险的状况。大体来说,罗马的北部边疆是以莱茵河与多瑙河两条大河为分界线的。由于当时日耳曼人还没有掌握在大河流上架桥的技术,这两条河流可以说是巨大的地理障碍。

但从战略上要将莱茵河与多瑙河作为天然疆界,还存在两个障碍:1. 在莱茵河西岸也有不少日耳曼人,如果他们与罗马发生冲突,很有可能招来东岸的同族相助;2. 莱茵河与多瑙河形成了一个向罗马控制区域的突出部,位于这个突出部的日耳曼人可以占据内线的优势,只要他们愿意,可以选择莱茵河或者多瑙河任何一条战线进攻。而罗马人却必须分兵防守,而且当受到攻击时,一条战线上的守军去增援时必须绕过三角形的两边,必须走更多路。因此,对罗马人来说一个最直接的选择就是抹去这个突出部,将防线由莱茵河推进到威悉河(weser)甚至易北河。这样就可以获得一条大体上平直的河川防线:汉堡—莱比锡—布拉格—维也纳,这就是奥古斯都时期罗马人的首要战略目的。

为达到这个目的,大日耳曼尼库斯(即尼禄·克劳狄乌斯·德鲁苏斯,小日耳曼尼库斯之父,奥古斯都的养子)在公元前14年升任了三个高卢(那尔波高卢,山南高卢,山北高卢)的总督,他开始执行其作战计划:第一步是在莱茵河以东建立一条冬季宿营线作为发起进攻的作战基地;第二步是在靠近大西洋的拉卡斯弗里弗湖(即今天的须德海,当时还是一个湖)建立一支舰队,然后走海路向东,控制海岸地区。这样一来,当罗马军队入侵日耳曼之后,返回时就可以选择乘船返回高卢了(日耳曼的很多河流如易北河、威悉河等南北流向,最后汇入北海,罗马人的舰队控制了海岸后就可以逆河流而上与陆军会师),避免疲惫的士兵通过危险的森林与沼泽。做好了这些准备后,大日耳曼尼库斯就从公元前11年开始入侵日耳曼,在公元前九年罗马人的军队抵达了易北河岸(今天的马格德堡)。但是当年大日耳曼尼库斯因为落马重伤而死。其后罗马的北方战线一直缺乏有能力的指挥官,其征服的成果遂渐渐消弭了,以至于公元4年,奥古斯都不得不把自己的另一个养子提比略(即奥古斯都的继承者,当时著名的统帅)派到日耳曼。提比略来到日耳曼后，当年便进行了一次试探性的进攻，来到威悉河上。第二年他准备了十二个军团的兵力，准备分兵两路，一路走海路向东，从易北河口逆流而上；另外一路则是从莱茵河东岸的冬营出发，向东穿越南哥巴尔地人（langobardi）的领地，与海上那路在易北河岸会师，得到补给品后，向南进攻马柯曼尼人，这个部族正在向波西米亚迁徙，对罗马的伊里利亚行省造成了威胁。

战役一开始进行得很顺利，罗马军队成功会师后向南，伊里利亚行省的罗马军队在提比略本人的指挥下向北进军，企图与南来的军队会师进攻马柯曼尼人。但正当两军即将会师时，一个噩讯传来，在伊利里亚（大概位于南斯拉夫）与潘诺尼亚（匈牙利）行省发生了大规模的起义，继续与马柯曼尼人交战已经不可能了。提比略本人不得不赶往伊里利亚，而日耳曼方面总督的位置则由另一个罗马官员——瓦鲁斯接任。此人是奥古斯都的女婿，在叙利亚总督任上便以贪婪残暴而闻名。

显然，奥古斯都在此时犯了一个重大的错误，他低估了此时担任日耳曼总督这一职务的难度，只因为对方是自己的女婿，就派了瓦鲁斯担任日耳曼总督。尤其是罗马为数不多的机动兵力正在提比略的指挥下进行对伊利里亚与潘诺尼亚两行省叛军的战争，一旦日耳曼出了问题，高卢不稳，那意大利半岛就有遭到入侵的危险，这对于元首制度还不稳定的奥古斯都来说，是绝对不可以接受的。

瓦鲁斯到任之后，像在叙利亚行省那样向他治理下的日耳曼人索要大笔金钱作为贡赋。但与叙利亚不同的是，当时日耳曼人还处在部落社会阶段，根本不知道何为金钱，黄金和白银对他们来说不过是打造饰品的材料，自然很少开发矿藏，数量很少。更重要的是，当时叙利亚的手工业水平和农业水平远高于意大利，向罗马出口大量商品，缴纳贡赋的黄金白银又通过贸易回流叙利亚，而日耳曼人除了少量的琥珀和兽皮外没有任何可以出口到罗马的东西，即使有少量的金银也很快就被压榨一空。而且日耳曼人中唯一要缴纳贡税的人便是奴隶，瓦鲁斯的行径无异于将全民贬为奴隶，一下子将各族中的贵族激怒了。

在瓦鲁斯的手下有一名叫作阿米尼乌斯的日耳曼贵族青年，他是切鲁西人酋长的儿子。切鲁西人是生活在莱茵河与威悉河之间的一支日耳曼人，因为与罗马人接触较早，属于日耳曼人中比较文明化的一种。阿米尼乌斯本人已经具有罗马公民的身份，在罗马军队中担任辅助骑兵的军官。阿米尼乌斯对罗马人有着刻骨的仇恨，他的叔父西吉斯提斯却对罗马人十分忠诚，而阿米尼乌斯与他叔父的女儿相爱，叔父却不愿意将女儿嫁给他，于是两人便反目成仇。

公元九年九月，由于当时处于和平时期，驻扎在日耳曼的五个罗马军团是分散屯扎的，从事伐木、筑路等工作，而且在军队中还有许多随军家属。这五个军团中两个驻扎在莫根台孔，其余三个军团由瓦鲁斯亲自带领，夏天在威悉河周围，冬天则迁往多瑙河上游（南方过冬）。当时正是瓦鲁斯所统领的三个军团迁往冬营的时候，他突然得到消息，有一个邻近的部落发生了叛乱，于是他决定先平定叛乱，然后再迁往冬营。此时瓦鲁斯犯了一个致命的错误，他并没有将军队中的妇女和儿童单独留下来，而是带着大量的非战斗人员和移营所需的辎重上路了。

这一切都是阿米尼乌斯的计谋，他计划先联络日耳曼人中的不满分子，发动一场叛乱，将这三个军团引诱到一个不利于他们作战的所在（比如森林或者沼泽地），然后将其消灭。接下来就可以发动整个日耳曼的大起义，将莱茵河以东的罗马人全部消灭（作为罗马辅助部队的军官，阿米尼乌斯很清楚在整个日耳曼地区罗马人有多少机动兵力）。但如此大规模的密谋是不可能完全守秘的，得到了消息的西吉斯提斯向瓦鲁斯报告了，要求将阿米尼乌斯抓起来。但瓦鲁斯却认为这是西吉斯提斯公报私仇，加上阿米尼乌斯本人一直就在瓦鲁斯身边，于是瓦鲁斯没有放在心上，还是让阿米尼乌斯跟随在自己身边。

当罗马人行进在森林与沼泽间的时候（这种地形在当时的日耳曼很常见，许多道路不过是在森林与沼泽地之间用木材铺出来的而已），遭遇到了相当大的困难，他们的军队中有太多的非战斗人员和装运着各种辎重的车辆了。突然阿米尼乌斯与他的手下消失了，几乎是同时，瓦鲁斯也得到了报告，军队的前哨遭到了袭击，显然这两者间存在必然的联系。这是叛变爆发的信号，瓦鲁斯这才如梦初醒，他立即下令全军掉头向阿里索（莱茵河东岸的一个设防营地）撤退，但是他还没有认识到情况到底有多糟糕,甚至没有下令烧毁多余的辎重,让军队空出手来迎接接下来的残酷战斗。

由于战场在黑森林腹地,罗马人一方几乎无人逃离,而日耳曼人将所有的俘虏献祭给了天神。罗马人一方只有极少数幸存者,而日耳曼人一方又没有关于这次战役的文字记载。因此关于这次行军最后阶段的详细情况,我们已经无法得知,只能通过残留的少数材料加以推断。当时罗马人的车队艰难地在泥泞的道路上跋涉,天上下起了暴雨,大量雨水渗入泥土之中,装载着辎重和财物的车辆陷入泥泞之中,将道路堵塞,士兵们不得不时常停下脚步,将这些车辆从泥坑中推出,并砍伐道旁的树木好开路行军,而被大风刮断的树枝也让队伍变得更加混乱。但最糟糕的是车队中惶惶的人心,各种流言在车队中传播,有人说整个日耳曼已经起来反抗罗马人了,还有人说日耳曼人的军队已经渡过了莱茵河入侵高卢。只有一点可以确定,车队里的每一个人,从总督大人到随军的奴隶,都不清楚接下来迎接他们的是什么。

作为日耳曼总督,克鲁斯虽然本人并没有足够的军事经验,但按照罗马军团的体制,在他的手下有一批首席百夫长和军事保民官组成的参谋团,这些身经百战的老兵可以向他提出富有可行性的方案,而克鲁斯本人只需要加以决断罢了。而这个时候罗马军队却没有做出唯一可能挽救他们的办法——放弃妇孺和多余的辎重,编组为战斗队形轻装行动,其解释只能是他们还没有将阿米尼乌斯的消失和前哨被袭击联系起来。

正当罗马人在森林中挣扎的时候,阿米尼乌斯已经和事先埋伏好的军队联系起来,开始向罗马人发起突袭。日耳曼人的进攻十分有策略,他们突然从四周出现,开始用投枪进攻罗马人,而不是贸然地进行白刃战。日耳曼人的突袭造成了大量的死伤,因为绝大部分士兵还是在行军状态,他们的身上没有穿上沉重的盔甲。不过罗马人的军官表现出了他们的能力,不管遭到袭击有多么突然,他们还是竭力将士兵们排成了战线,将妇孺和车辆保护在其中,并且在一块林间空地开辟出一个设防营地,也就是说是一个有壕沟、土垒保护的营地。

不难想象,对于营地里的罗马人来说,这个夜晚是个不眠之夜。阿米尼乌斯并没有冒险发起猛攻,但这只意味着他在等待罗马人离开这个设防营地。克鲁斯的手下们没有浪费时间,他们整个晚上都在忙碌着,从后备兵中抽出人员补足军团中各个中队的缺额,将缺额太多的大队解散将其人员编进其他中队里,将妇孺和孩子单独编队,在车队中找出必要的物品,同时监督士兵清理行囊。军官们很清楚如果不能舍弃一切不必要的物品,他们将永远也走不出这片可怕的黑森林。

第二天早上,经过一夜的努力,罗马人烧毁了绝大部分装运辎重的车辆(对于糟糕的路面情况来说,罗马人的车辆太多了),而将辎重留在了营地里,因为他们指望这样可以让日耳曼人满足于那些丰富的战利品而不是继续追击自己。由于失去了绝大部分车辆,绝大多数人都必须依靠自己的双脚行军了。对于绝大部分队伍中的妇孺来说,这是一个非常残酷的决定,因为他们的丈夫和父亲必须节约每一分体力来准备应对日耳曼人接下来的进攻,而他们自己是没有力量独自走完这段旅程的。

罗马人在轻装了之后,重新上路,由于糟糕的道路状况,在很多路段他们无法采用平常使用的长方块空心方阵队形(即将士兵放在四周,辎重和妇孺在中间),而只能排成几行纵队。一路上不断有小股的日耳曼人从路旁的森林冲出袭击,显然阿米尼乌斯还在消耗罗马人的力量,等待战机。日耳曼人通常先使用标枪袭击,然后冲进队列的薄弱环节,当遇到坚强的抵抗时,这些敏捷的袭击者便退入道路两旁的森林中。罗马人不可能进入陌生的森林追击,幸好他们的辅助部队中有相当数量的轻装弓箭手和投石手,他们起到了很大的作用。日耳曼人的士兵缺乏良好的护具,无论是弓箭手还是投石手都对其有很好的杀伤效果。夜幕降临的时候,罗马人重新建立了一个营地,命运女神仿佛对他们露出了笑容。

第三天,罗马人又遭遇到了大雨,这场大雨对罗马人来说是致命的。雨水不但使得路变得泥泞,更重要的是让他们的盾牌和武器更加沉重,弓箭手与发射标枪和石弹的机械装置也无法使用了,这对罗马人来说是压倒骆驼的最后一根稻草。一直在等待的阿米尼乌斯抓住了机会,他依照日耳曼人的风俗将生力军排成了楔形的队列,冲进了罗马人的行列。不难想象,当时的情况非常混乱,雨水浸透了罗马士兵的盾牌和盔甲,使其变得更加笨重,人们脚下一片泥泞,雨水和日耳曼人的呼喊声使得他们根本听不清军官们的喊声。面对日耳曼人的冲击,罗马士兵本能地向自己的同伴靠拢,但在森林间狭窄的空地使得他们挤成一团,以至于根本没有空间使用他们的武器。在日耳曼人的猛攻下,精疲力竭的罗马士兵们纷纷绝望地丢下沉重的长盾和盔甲,企图找出一条逃生的道路。

如果说前两天罗马人还可以用车辆作为屏障,用投射手打退日耳曼人的进攻,那么此时大部分车辆已经被焚毁,弓箭、投石器、弩炮在雨水的浸泡下成了一堆废物,唯一能够倚靠的唯有动物求生的本能了。此时骑兵长官鲁莫尼乌斯第一个带着少量骑兵逃走了,剩下的人成了牺牲品。战场的四周都是茂密的黑森林和沼泽,罗马人几乎不可能逃脱。瓦鲁斯和他的大部分随员在先前的战斗中多已受伤,他们看到已经没有逃脱的希望,为避免落入敌人手中受辱,全部自杀了。没有战死的人——无论是妇孺还是士兵,都成了日耳曼人感谢神灵的祭品。过去罗马人像对待牲畜一样尽情屠杀,现在轮到罗马人品尝这个滋味了。几年后格马尼乌斯领军来到旧战场,还看到日耳曼人的祭坛和许多被钉在树木上的骷髅。塔西陀用他的妙笔对其有着极为生动的描写,有兴趣的读者可以去看看。莱茵河以东的罗马新征服区域实际上已经没有机动兵力,从阿里索到明登,罗马人建立的诸多军事据点实际上处于日耳曼人反抗的汪洋大海之中,岌岌可危。帝国为数不多的机动兵力已经尽在元首的养子提比略麾下,正在崎岖的伊里利亚行省与叛军进行艰苦的战争。而从高卢到意大利,公民皆视从军为畏途,虽然奥古斯都采用了抽签制的极端办法,从公民中抽签征兵,若有逃避者,没收财产,取消公民资格,甚至处死,但在他的有生之年,还是没有将这三个军团重建起来。罗马人不得不做出痛苦的抉择,放弃大部分无法守卫的军事据点,将其人员撤回莱茵河西岸。

不过罗马人应该庆幸的是,托土堡森林战役的英雄没有能利用战胜罗马人的巨大威望将诸多日耳曼部落联合起来,组成一个大的联盟甚至王国。如果是这样,罗马人的北疆将提前三百年出现一个可怕的庞然大物，甚至整个历史的进程都会随之改变。即使如此，日耳曼人的这次胜利可以说是决定性的，失去了这么大一支机动力量，许多在莱茵河与威悉河之间的设防据点已经无法防守，更重要的是日耳曼人看到了罗马不是不可战胜的。那个将北方防线推进到易北河的计划实际上已经不可能了，虽然其后罗马人多次渡过莱茵河东征，但战役的尾声还是返回了莱茵河上。原因很简单，近三百年不断的内战和外战已经让罗马人精血枯竭了，无论是意大利还是西西里，都被巨大的庄园所占满。而耕种这些庄园的不过是成群的奴隶，原有的自由公民要么沦为饿殍，要么流入罗马等大城市依靠富人和皇帝的施舍为生，愿意为帝国而战的人越来越少。而在荒凉的日耳曼黑森林和沼泽里却有无数个自由的日耳曼勇士，这场漫长的战争最后的胜利属于谁是不言而喻的。

诺曼征服前的盎鲁格—撒克逊人

正如世间万物一般,伟大的罗马帝国亦有衰亡的一天。从公元前三世纪开始,帝国就愈来愈陷入深刻的危机之中,与公元前一世纪共和国末年的内战不同的是,这次危机有着更深刻的原因和更广泛的范围。在大奴隶庄园经济的竞争下,古代地中海世界原有的小生产者——农民、手工业者开始沦为依靠富人或者国家施舍过活的流氓无产者,很多人只能依靠在军队中服役生活。劳动成了奴隶的代名词,这无疑对社会风气是致命的损害。更重要的是,这使得负担(兵役和赋税)落在剩下越来越少的那部分小有产者的身上,帝国越来越由保护者变为可厌的负担。至于对最底层的奴隶和无产者们来说,他们没有什么可以失去的。这样一来,实际上只有极少数的上层分子和军队是帝国的支柱,而军队本身又有相当部分是由蛮族组成的,因此蛮族此时能够如此深入帝国的腹地就没有什么奇怪的了。

不过帝国的毁灭是一个缓慢的过程,毕竟她还掌握着古代西方世界最富庶的地中海沿岸区域,可以通过地中海这个大湖的机动兵力、优良的军事组织系统。最重要的是蛮族们还没有统一起来,帝国的将军们将军事打击和贿赂收买结合起来,巧妙地联合这一支打击另外一支,大体上维持着帝国的疆域。

但正如中心腐朽一空的大树终究会被暴风雨刮倒,到了公元五世纪初,罗马本身都被西哥特国王阿拉里克攻陷。因此当孤悬于海外的不列颠行省请求帝国给予支援抵抗北方蛮族的入侵时,遭到拒绝也就不奇怪了。绝望的不列颠行省的官员和许多罗马居民不得不从这个岛屿撤离，几个日耳曼部落从大陆迁入填补了这个真空，其中最大的三个部落被称为盎格鲁人、撒克逊人、朱特人。盎格鲁与朱特人都是来自今天的日德兰半岛，而撒克逊人则来自下萨克森州，他们征服了当地原有的凯尔特人，建立了7个王国。相对于同时正处于民族大迁徙时期的欧洲大陆来说，当时的不列颠岛是一个相对平静的地区，这些同属日耳曼族的几个部落融合成为一个新的民族——盎格鲁撒克逊民族。

到了公元八世纪，这种平静被北方的新入侵者打破了，这些入侵者便是西方历史上著名的维京人。由于入侵大不列颠的维京人多来自丹麦，因此不列颠人称其为丹麦人，换取其退兵的贡金也被称为"丹麦金"。这些北方入侵者的出现并不是偶然的，在此之前，维京人主要的抢掠对象是波罗的海沿岸和向东的大河流域，因为当时的航海技术比较落后，船只都是沿着海岸线航行，通过岸上的地标确定航向。但到了公元八世纪左右，维京人学会了通过测量阳光与海平面的夹角来确定航向的技术（即利用太阳正午时阳光直射地面这一特性，在每天正午时测量阳光在日晷上留下的阴影长度，来判断船只的航向是偏南还是偏北，加以调整，确保船只保持西向或者东向。由于不列颠岛正好处于斯堪的纳维亚半岛海岸的西面，只要船只向西就能抵达不列颠岛，向东就能返回，不用像过去那样沿着海岸线慢慢航行），于是维京人就可以穿过浩瀚的北海直接抵达不列颠岛的东岸。面对这些乘坐"龙首战船"，手持战斧、圆盾，出没无常的剽悍战士，盎格鲁—撒克逊七王国原有的兵民合一的民兵制度在初期屡战屡败。王国军战败的原因很多，主要有以下几个：其一，海盗出没无常，不列颠是个岛国，海岸线漫长，需要防御的地方很多，而民军动员的时间很长，等到民军动员完毕，海盗们早就抢劫完毕乘船离开了；其二，七个王国各自为政，无法集中兵力对抗敌人的入侵。公元871年，阿尔弗雷德登上了威塞克斯国王（七王国之一）的宝座，他是第一个拥有"英格兰国王"称号的不列颠人，他击败了丹麦人的入侵，并建立了一个行之有效的军事防御体系。由于是岛国的缘故，他没有像大陆那样以骑士作为自己军队的核心，而是依旧保留着日耳曼人步兵的传统，只是增强了舰队抵御海盗的入侵。为了确保军队所需的经济来源,他将军队分成两部分:军事贵族或者富商的侍从组成的精锐常备军,以及从普通平民中挑选出来善于作战的士兵。后者被给予免税的土地作为报酬,每年必须服役一定的天数,轮流出战或者在家中。为了防止北欧海盗的入侵,他将全国划分为若干个"躲藏地",而在国内修建了许多堡垒。每个"躲藏地"人口的数量与土地数量都经过精密的计算,使得每个"躲藏地"农户的剩余农产品足以供养城堡的一个守卫者,而守卫者的数量是根据堡垒的周长决定的——大约每个成员需要守卫 4.23 英尺,即 1.25 米左右的城墙,这个距离和中国古代守城兵力的分配大体相同。而且这些堡垒之间的距离也是经过精心计算的,一般来说不会超过军队一天的行军路程,这样一来,一旦海盗入侵,"躲藏地"的人民有充裕的时间携带着财物和牲畜躲藏到最近的堡垒中,而海盗们无法通过抢劫获得补给;而国王的军队则可以以最快的速度赶往海盗的入侵地,因为他们无需携带很多补给,也无需消耗体力修建设防营地(夜里可以在城堡住宿进食),海盗也很难对援兵进行伏击(堡垒同时也有提供军事情报的作用)。这些堡垒后来多半发展成为城镇或者商业中心。对于沿海的城镇,他以财产的数量征收赋税组建了一支专门的舰队,来抵抗丹麦人的入侵,迫使其与自己签订和约,此后他通过军事打击与联姻相结合的手段,控制了除去丹麦法区以外的整个英格兰。阿尔弗雷德大王去世后,在他的子孙们的努力下,到了公元十世纪中叶,威塞克斯王国逐渐完成了对丹麦法区的控制。

但是好景不长,公元 978 年"邪恶的劝告"爱塞烈德二世继位后,北方出现了更可怕的敌人——丹麦国王八字胡斯韦恩。

不难看出,这位绰号是"邪恶的劝告"的国王在英格兰的历史上没留下啥好名声。其实这个外号讥讽的对象与其说是国王还不说是他身边的那些顾问们,即"贤人会议"的成员。所谓"贤人"是指被称为"智者""贤人"的高级教士和世俗贵族,简单来说就是王国中拥有大量地产的教俗高层。贤人会议最早的起源是日耳曼部落中,每当部落重新给部落成员划分土地,即需召集部落全体成员作为见证,经过之后土地的划分和流转才为有效,此时土地基本归于这些大地产所有者,自然部落大会也变成贤人会议了。由于威塞克斯王国对英格兰的统一是在抵抗丹麦入侵这一大背景下完成的，为了抵御外敌的入侵，不得不给予贤人会议成员极大的权力；而且阿尔弗雷德大王修建的那些要塞在抵御丹麦人入侵的同时，也成为当地贵族对抗中央的基地，在法典中也给予地方贵族相当大的独立权力。因此国王即位必须经"贤人会议"确认，会议甚至有废黜国王的大权。究其原因，当时的威塞克斯国王还不过是部落联盟的军事领袖，战时固然有大权，继位自然要被代表全体部落民众的贤人会议所确认，废黜也非难事；后来的英格兰国王除了军事统帅以外，还受教会方面涂油加冕，乃是受上天护佑的基督教国王，绝非凡人组成的"贤人会议"所能置喙。

爱塞烈德二世继位时年仅十三岁（或者更小），前任国王——他的同父异母兄弟殉教者爱德华为他的母亲派出的刺客杀害，显然这一王室内讧削弱了新国王的权力基础。更糟糕的是，当时很快教会便将这位被刺杀的国王尊奉为"圣人"，这无异于将爱塞烈德二世和他的母亲钉在了耻辱柱上。究其原因，乃是爱德华与爱塞烈德两人的父亲埃德加一世在世时企图通过改革教会，委任自己信任的人来担任教会地产的控制者来加强王权，因此在爱德华死后，相当一部分贵族以他为旗号反对现任国王，以夺回自己的利益。当丹麦人重新入侵时，爱塞烈德二世无力召集军队，不得不缴纳贡税来换取丹麦人的退兵，这便是英国历史上有名的"丹麦金"。为了报复丹麦人的入侵，公元1002年他下令对他控制下的丹麦人殖民地进行大屠杀。第二年丹麦国王斯韦恩再次入侵英格兰，爱塞烈德逃亡诺曼底，斯韦恩加冕为英格兰国王，1014年去世，他有两个儿子哈拉尔二世和克努特大帝。

作为斯韦恩的次子，克努特的运气相当不错，公元1014他在父亲身边，因此继承了英格兰王位，而哥哥继承了丹麦王位，1016年在诺曼底的爱塞烈德二世死了，同年其子埃德蒙二世也死了，克努特彻底控制了整个英格兰，成了英格兰的国王。次年他与爱塞烈德二世的遗孀诺曼底的艾玛成婚，通过许诺将王位继承权交给诺曼底的艾玛的后裔，克努特阻止了诺曼底对英格兰的入侵威胁。1018年他的兄长也离开了人世。这样一来,他同时成了英格兰与丹麦两个王国的国王,接下来他又征服了挪威王国,几乎控制了整个北海沿岸,成了名副其实的克努特大帝。

在这里我想提醒一下读者们,诺曼底的艾玛,这位诺曼底公爵无畏理查的女儿,不但先后和两位英格兰国王(克努特一世与爱塞烈德二世)结婚,她的四个孩子里有三个先后成为英格兰的国王(哈罗德一世、克努特二世以及忏悔者爱德华),征服者威廉一世还是她的侄孙,她本身就是诺曼底与不列颠群岛中世纪紧密关系的一个缩影。

但是这个北海大帝国不过是昙花一现,在克努特死后,这个帝国的大部分就分崩离析了,不过英格兰与丹麦这个帝国的核心部分还是保留了下来。而丹麦人在英格兰数量上的劣势成了他们的致命伤,更糟糕的是,在克努特一世时候,他没有履行自己的诺言,将英格兰与丹麦交给自己与诺曼底的艾玛之子哈瑟克努特所继承,而是让自己与第一任王后北安普顿的艾芙温之子哈罗德继承王位,这引起了英格兰国内的严重不满(当然更有可能是部分贵族以此为理由反抗外来的丹麦王室)。双方暂时达成妥协,以泰晤士河为分界线,以北包括伦敦为哈罗德所有,其余归哈瑟克努特。

但这个妥协不过是暂时的,公元 1036 年,受哈瑟克努特的邀请,他的同母异父兄弟,即诺曼底的艾玛与前英格兰国王爱塞烈德二世的儿子爱德华和阿尔弗雷德率领部分扈从诺曼底来到英格兰,其表面理由是探问他们共同的母亲诺曼底的艾玛。显然哈瑟克努特的目的是想要借用这两人威塞克斯王室末裔的威望,争取英格兰本土贵族的支持,与自己的兄长对抗。哈罗德用欺骗的手段将阿尔弗雷德抓了起来,将其用酷刑处死,随即吞并了弟弟的领地。诺曼底的艾玛与爱德华逃往诺曼底。

当哈罗德在 1040 年去世,哈瑟克努特登上王位后,他宣布如果他没有儿子,那么自己的同母异父兄弟爱德华便是继承人。次年,他离开了人世,爱德华登上了王位,复辟了威塞克斯王朝,盎格鲁—撒克逊人又一次登上了王位。由于爱德华的大部分时间都在诺曼底度过,因此他当政期间在英国任用了很多法国人和诺曼人,这也为后来的诺曼人侵埋下了伏笔。

北欧人的军事制度深刻地影响了盎格鲁—撒克逊人,铁矛、投枪、长柄战斧、盾牌、尖顶头盔成了不列颠战士们的标配,以领主及其侍从组成的亲兵组成了军队的核心,虽然这些人多半是骑马的,但战时却习惯下马列阵而战。奇怪的是,不列颠军队中却少有弓弩手,毕竟在与威尔士人的接触中,他们应该早就领教过可怕的紫杉木长弓了,只能解释为北欧人在海上少使用弓弩(易于被水浸湿),到了岸上也少用了。

作战队形方面,不列颠军队最常用的队形是一种古老的"盾墙"横队,即士兵们肩并肩地排成横队,将盾牌与盾牌连接起来。由于当时炼铁技术的进步,至少在领主和他们的侍从身上已经都有了铁制尖顶头盔和锁帷子,更好的还有鳞片甲,加上他们使用的鸢形盾,当组成密集队形时,弓弩或者投石手对他们来说基本是免疫的。由于不列颠军队的成员基本是自耕农和领主的亲兵,亲兵还承担了部分士官和低级军官的责任,军队作战意志和士气都很不错,中世纪绝大部分步兵与骑兵都很难正面击破他们。而一般来说,不列颠军队的指挥官会占领有利的阵地以防止对方迂回包围己方的两翼。当敌人进攻受挫后,不列颠军就可以用楔形阵击溃敌人进入追击。不难看出,这支军队面对强大骑兵与弓弩手的敌人时,正确的作战方式是防守—反击型的。当然这并不是说他们不能主动进攻,恰恰相反,由于军队的绝大部分成员都有马匹,因此其指挥官经常采用急行军迅速靠近敌人,然后迅速发起突袭的办法赢得胜利。由于当时的技术条件限制,跨越海洋运送大批战马颇为困难,因此不列颠军队的敌人中很少有大批骑兵部队,其指挥官和士兵都缺乏足够的经验,为此,他们在哈斯丁会战中付出了惨痛的代价。

盎格鲁—撒克逊人最致命的问题是在他们落后的政治制度,在这种制度下,贵族拥有极大的权力,实际上都是国中之国,其君主没有足够的实力控制自己的臣下,没有贤人会议的首肯,无法将王位传给自己的儿子,甚至无法确保自己的王位和人身安全。因此,当时的英格兰王位的继承法极为混乱,父子、兄弟甚至叔侄,这样就更容易引起内乱。

而贵族稍有不如意便蓄谋反叛,失败者就联络外部的强敌,成为"带路党"。究其原因,是因为从罗马帝国从不列颠群岛撤出以后,岛上出现了大片的真空区,盎格鲁—撒克逊人的入侵又是一个相当漫长的过程,因此感觉上就较为"温和"。其征服战争的烈度和外来入侵的威胁都无法与同时的欧洲大陆相比,没有出现查理大帝那样的强大的专制君主,因此所建立的"七国"也是更接近于贵族共和国而非君主国,国中的贵族与教会高层都有极其巨大的权力。也勿怪乎温斯顿·丘吉尔在自己的《英语民族史》中自称不列颠是自由的岛民,的确相对于当时的欧洲大陆,盎格鲁—撒克逊人的贵族权力要大得多,也"自由"得多,这一切一直延续到 1066 年的哈斯丁会战。

哈 斯 丁 会 战

公元 1066 年 1 月 5 日,奄奄一息的英格兰国王忏悔者爱德华在弥留之际,向自己的妻弟、密友、英格兰当时最强大的贵族、首席大臣威塞克斯公爵哈罗德·戈德温托孤,将自己的妻子、外国随从以及整个王国都托付给他。由于忏悔者爱德华没有亲生儿子,显然这一行为是将哈罗德视为王位的继承人,随后的贤人会议确认了忏悔者爱德华的决定,选举哈罗德为王。

根据当时的法律,血缘是王室继承最为重要的一条,哈罗德虽然是威塞克斯公爵,但从血缘上和当时的威塞克斯王室可没有什么直接关系,难道威塞克斯王室已经绝嗣了?

也不是,1016 年忏悔者爱德华同父异母的哥哥、刚勇的埃德蒙二世死于诺曼底时,他有一个儿子爱德华流浪于当时的东欧,从血缘上讲,他是忏悔者爱德华的侄儿。忏悔者爱德华 1057 年方得知此事,便将其接回英国,此人不久后就离开人世,而他年仅六岁的儿子埃德加就成了威塞克斯王室唯一的男性继承人。那为何忏悔者爱德华不将王位传给他的侄儿呢?

年龄并非唯一因素,在历史上有比埃德加更年幼的国王。但是此时英国处于危机之中,自从 1057 年忏悔者爱德华绝嗣后,整个西北欧都在觊觎这个富饶的岛国,等待着国王咽下最后一口气。至少有四个人有夺取王位的企图和能力:诺曼底的"私生子"威廉,威塞克斯公爵哈罗德,挪威国王哈拉尔三世,八字胡斯韦恩的后裔、戈德温家族的托斯蒂格。而埃德加却没有足够的威望和能力,也没有强有力的亲戚的保护和支持,贤人会议根本不会批准他的王位,给予他王位反而会害了他。

读者们看到这里可能会奇怪,威塞克斯公爵哈罗德和托斯蒂格是英国大贵族,哈拉尔三世祖上可以扯到丹麦王朝,诺曼底的威廉又有什么资格要求英格兰王的继承权?莫非当时的欧洲就和我国五代十国时候一样,"天子者,兵强马壮者为之"?

这话不算错,但也不全对。威廉的理由在我们今天看来自然是一派胡言,但在当时来看也有几分道理,加上他刀把子够硬,把反对他的都砍光了,剩下的人自然不会有异议了。威廉主要的理由有二:第一,忏悔者爱德华的母亲"诺曼底的艾玛"是他的爷爷的妹妹,因此从血缘上讲他有继承权。第二,哈罗德本人在不久前已经宣誓向他效忠,将英格兰王位的继承权让渡给了他。

这第一个理由一看就知道是扯淡,当时的贵族家族联姻十分普遍,这种八竿子打不着的血缘继承权要是算数,那有继承权的人就太多了。第二桩倒不是威廉撒谎,不过那是一次哈罗德本人出海钓鱼,遭遇大风被吹到了诺曼底,落到了威廉的一个部下手中。威廉得知后将其软禁起来,迫使其宣誓效忠并让渡继承权才释放对方,显然这种强迫之下的宣誓和让渡是做不得数的。当然根据一名威廉手下的骑士马姆斯伯里的威廉的记载,事情的真相是忏悔者爱德华将威廉视为自己的儿子和兄弟,当觉得自己死期将至,就派哈罗德前往诺曼底觐见威廉,转告将继承权给予他之事。由于风暴的原因,哈罗德被迫在威廉的封臣盖伊伯爵的地盘上登陆,落入其手,为威廉所解救。于是哈罗德在转达爱德华之意后,向威廉宣誓以下四点:1. 爱德华陛下在位时,他愿意做威廉的代表;2. 爱德华去世后,他愿意全力扶助威廉即位;3. 他愿意在多佛(dover,英国东南部军事要地,有重要堡垒抵御外敌入侵)的堡垒为威廉自费担任警卫；4. 在英国其他区域，他也愿意为威廉担任警卫，并承担补给的费用。而哈罗德在爱德华死后，背弃了君主的嘱托和自己的誓言，篡夺了王位云云。两者谁更接近真相，相信读者们应该不难自己做出判断。

但不管事情真相如何，威廉在哈罗德登上王位后，立即向教皇、神圣罗马帝国皇帝以及当时欧洲的所有宫廷都提出自己的要求。由于威廉对教廷慷慨的捐献，哈罗德也没有能够拿出有力的反驳，很快威廉在欧洲大陆就得到了舆论的优势，教皇给予其"神旗"，当时的神圣罗马帝国皇帝亨利四世，也给予了他一定的援助。鉴于诺曼底本身的兵力不足，他还开始招募佣兵，许诺给予一同远征英格兰的贵族和佣兵们丰厚的报酬。当时在欧洲大部分区域都是执行长子继承制，即只有继承人（通常是长子）才能获得以土地为主的产业，其他的儿子成年后只能得到很小的一笔钱就得离开家去寻找自己的生路，这些人通常在幼年时都受过很好的战士训练。由于英格兰是一个非常富庶的国家，许多这种人都投到威廉的麾下，期望可以从征服中得到丰厚的回报。因此威廉很快拥有了一支相当强大的军队。根据当时几个骑士的记载说威廉的陆军有5万之众，船只有3 000艘。从唯一比较确定的数字是据说他们在登船和下船的时间都只有一个白天推断，前面两个数字显然是夸大了。考虑到时间和其他因素判断，其陆军总数应该在5 000人以上，加上后勤人员在8 000人左右。这个数字粗看上去并不惊人，但考虑到英格兰是一个岛国，远征军的规模受到运输船队的限制，因此这支军队中骑士的比例应该非常高，其余的步兵也是职业化的精兵。根据后世的英国史学家复原当时运输船的大小推断，其中骑士大约为2 000，步兵有3 000人，这在当时是个非常惊人的数量，可以说倾国远征也不为过。

从威廉得知爱德华去世，开始争取外交支持，筹集金钱（这两件事情可能更早就开始准备了），建造船只，招募训练士兵，到他完成这一切的时候，时间已经到了公元1066年的八月，而当时的天气非常恶劣，猛烈的北风使得船只根本就没法开出内河。在这一个月里，威廉的日子非常难熬，因为集中起来的军队要消耗大量的补给，而且这种以掠夺为目的的军队很难忍受长时间的等待,威廉花费了很大力气才勉强控制住军队。直到 9 月 27 日,天气才逐渐转好,风向开始转南,威廉立刻下令全军上船,到了当天夜幕降临的时候,所有军队都已经上船完毕。威廉下令每条船的桅杆都挂上一盏灯,在自己的座船桅杆挂上一盏大灯,所有的船都跟着前面的船走。当天午夜,舰队出发了,在出发前的那一刹那,威廉的心中说不定会闪过这样一个念头——这个时候哈罗德在干吗呢?

如果将这场争夺英格兰王位斗争比喻为一场短跑比赛,哈罗德在此时无疑是领跑者。他所在的戈德温家族是英国最强大的家族,虽然因为兄弟托斯蒂格被放逐而受到削弱,但家族的绝大部分实力依然在他的掌握之下;更重要的是他的王位已经得到了贤人会议的确认,也就是说英国绝大多数大地产所有者已经承认了他英格兰保卫者的身份,在这种危机四伏的环境下,不难通过征收临时税来扩张自己的军事力量。现在他需要的就是时间来整合整个英格兰,只要给他一到两年的时间,考虑到英格兰是个岛国,他手中的力量将会超过威廉等人能够投放到英格兰的总和。因此不难理解哈罗德为什么对威廉在国际上对自己的控诉不怎么理会,此时的他全部力气都花在整合英格兰内部上了。

在继位之后,哈罗德就领军北上,因为北方两个最大的诸侯麦西亚伯爵艾德温以及他的兄弟诺森布里亚伯爵莫卡两人对哈罗德的继位态度暧昧,尤其是后者。因为这两人是戈德温家族的仇敌,不久前正是他们与托斯蒂格争夺诺森布里亚公爵领地而导致后者被放逐的。于是哈罗德继位之后便立即赶往约克,以将自己的妹妹嫁给后者为代价,争取到了两人的表态,实际上他此时才真正获得全英格兰的同意,当他返回伦敦时已经是当年的复活节,即 4 月 16 日。

鉴于哈罗德的领地多位于英格兰的南部,显然他此次北上选择怀柔手段是为了抵御威廉即将而来的入侵做安定后方的准备。但他的行为其实也是一柄双刃剑。王位的威胁者之一,不久前被驱逐出英格兰的托斯蒂格正在期盼着哈罗德的继位是否能带来什么转机。托斯蒂格很清楚以自身现有的实力不足以返回英格兰与兄长争夺王位,但哈罗德重新将诺森布里亚公爵领地划分给兄弟换取自己的支持和回国是完全可能的。然而哈罗德做出了相反的选择，他抛弃了在佛兰德的兄弟来换取北方最大的两个领主对自己的支持。失望的托斯蒂格离开了佛兰德，来到了诺曼底威廉那里，显然他企图从威廉那儿得到支持打回英格兰。

托斯蒂格来到诺曼底的具体时间现在已经无法考证，只知道是在公元1066年4月和5月之间。从他后来的行动来看，托斯蒂格来到诺曼底的目的应该是向威廉寻求经济上的支持，他在佛兰德招募了一批士兵，加上他原有的扈从，但是被放逐出国的他自然没有足够的经济实力维持一支军队；当然也有可能是希望与威廉结为同盟，共同入侵英格兰。当时威廉正忙于向自己的封臣筹集金钱来组建入侵所需的舰队和军队，他应该没有满足对方的要求，因为不久后的5月间，托斯蒂格就率领着一支大约为60条船的小舰队前往怀特岛（靠近英吉利海峡北岸的一个海岛），他在这个海岛上有自己的领地和田产。在得到了补给和给士兵发饷的钱后，托斯蒂格就指挥着这支小舰队开始袭击萨塞克斯与肯特两个郡的沿海地带，抢掠财物，强征兵员。不过托斯蒂格的军事行动并不成功，哈罗德很快就率领大军南下，他不得不转而北上躲避兄长的大军。在接下来的一次战斗中，他的小舰队遭到了麦西亚伯爵艾德温率领的北方民兵的突袭，损失了绝大部分士兵和船只，只剩下12条船。他只得逃往北方的苏格兰，寻求苏格兰人的庇护。

这次小规模的入侵虽然很快就被击败了，但是却对接下来的战局造成了深远的影响。忙于整合内部的哈罗德没有对敌人的情报有足够的重视，因此当他得知有敌军开始入侵南方时，立即判断这是威廉入侵的前奏，假如他事先派出足够多的间谍前往诺曼底，他将会发现此时威廉还没完成舰队的准备工作。于是哈罗德立即动员了所能动员的海军和陆军。在先前笔者曾经提到过，在英格兰阿尔弗雷德大王的时代，曾经通过向沿海地区城镇征税的方式建立了一支专门的小型舰队。但这支舰队早已在忏悔者爱德华的时期被解散，取而代之的是临时征发渔船和商船，以及强迫征集水手组成的临时舰队。这种临时舰队有两个问题：一是动员起来十分迟缓，二是在动员期间领主必须支付粮食和金钱，也就是说动员的时间是有限的。而且在哈罗德军队中的民兵部分也是如此，他们每年只有40天的合法服役期。因此哈罗德将自己的舰队和民兵沿着萨塞克斯与肯特的海岸展开，将舰队集中在怀特岛，等待着诺曼人的进攻。可是直到当年的9月8日，意料中的敌人始终没有出现，民兵的服役期已经结束，粮食和金钱也已经用尽，哈罗德不得不下令将民兵和舰队解散。

看到这里，读者们可能会感慨威廉是多么幸运，不过更大的可能是他利用托斯蒂格的突袭来扰乱哈罗德的防御准备工作。因为假如托斯蒂格没有发起这次冒失的进攻，哈罗德就不会过早地召集舰队和民兵，当威廉入侵时将会遇到完全不同的情况。即使不用考虑在哈斯丁战场上双方的兵力对比将会发生巨大的变化，光是英格兰舰队的存在这一件事情就会在很大程度上改变战争的结局。因为以当时的技术条件，装满士兵和辎重的船只和专门用于战斗的军舰航速差距很大，而且军队登陆时舰队也会非常脆弱，如果遭到英格兰舰队的袭击，无论是海面上与登陆阶段，诺曼人的舰队都会付出惨重的代价，这对威廉的入侵计划将造成相当的影响。为了规避这支舰队，威廉不得不选择更迂回的路线或者更困难的登陆地点，无疑这对哈罗德是非常有利的。

托斯蒂格给他的弟弟带来的麻烦还并没有到此结束。他在被艾尔温击败逃往苏格兰后，前往挪威劝说挪威国王哈拉尔三世入侵英格兰，声称哈拉尔作为丹麦王朝创始者八字胡斯韦恩王的后裔，有权力要求英格兰王位的继承权，当然更大的可能是哈拉尔企图趁威廉入侵之机，趁火打劫一番。

与绝大多数北欧国王一样，哈拉尔三世的前半生几乎是由一连串军事征服所充满的。他15岁时就已经参加了同父异母兄长发起的对邻国丹麦的战争，战败后他率领残部流亡俄国，投奔当时的基辅大公雅罗斯拉夫一世，与波兰人作战，屡战屡胜，深得大公的喜爱并娶大公之女为妻子。几年后他应邀为当时最富有的君主——东罗马帝国皇帝米海尔四世服务，转战于保加利亚和西西里岛，很快就积功成为瓦兰吉卫队的指挥官。在这些战争中，他不但积累了极其丰富的军事经验，更表现出狡诈和诡计多端。1045年哈拉尔得知其兄长下台后,遂领少数扈从君士坦丁堡返回瑞典,先与其妻子的堂兄结盟,在瑞典募集了一支军队后,迫使继位的侄儿同意与自己共享王位,两年后他侄儿战死,哈拉尔便成了唯一的国王。不难想象,得知像这样一个人入侵英格兰,还有自己的兄弟作为向导和同盟者,哈罗德会如何重视。

哈拉尔三世的舰队总数大概为300艘,依照史料记载,当时维京人通常使用的长船,平均下来一条船约有40人,扣除掉保障船正常行驶的船员5人,一条船最多可以装载35名士兵。考虑到载运粮食、武器、工具、帐篷、驼畜、非战斗人员,挪威军队的总数应该在7 000人左右,当然其中骑士的数量很少,而且这支军队临时征集的民兵应该比威廉的大军要多一些。

哈拉尔三世在卑尔根集结了自己的舰队后从松恩峡谷出发,抵达苏格兰的设得兰群岛和奥克尼群岛,在这里转头沿着海岸线向南,在苏格兰的泰恩与托斯蒂格会合,然后沿着海岸线一路劫掠向南,沿着奥斯河(ouse)逆流而上,在距离约克大约10英里的李卡尔登陆,开始向约克进军。艾德温与莫卡兄弟两人所率领的约克郡民兵在距离约克大约两英里的富尔福德门遭遇了挪威入侵者,并在1066年9月20日展开激战,民兵被击败,死伤无数。

哈罗德得知哈拉尔的入侵消息时,立即率领自己的亲兵和一部分没有解散的民兵日夜兼程赶往北方,并于24日赶到了战场附近,次日正当哈拉尔三世与那两个伯爵商谈降服的条件时,哈罗德向在斯坦福桥的敌军发起了突袭,入侵者几乎全灭,哈拉尔与托斯蒂格当场战死,据说逃走的挪威士兵只有20条船。不过哈罗德的军队也付出了惨重的代价。

在赢得胜利后,哈罗德犯了一个错误,他像胜利者那样让自己的军队在约克休整和庆贺刚刚赢得的胜利。当然,一个将军这么做无可厚非,毕竟这可能是数百年来盎格鲁—撒克逊民族对北欧入侵最大的一次胜利。但作为一个国王,他不能忘记还有一个强大的敌人在海峡的另外一边虎视眈眈。考虑到他刚刚解散了自己的海军和大部分民兵部队,将自己最大的一支机动兵力放在约克郡这么北的地方,是非常不明智的。

10月1日,也就是斯坦福桥之战后第六天,他得到了威廉登陆的坏消息,这已经是三天前的事情了。考虑到从约克到伦敦有200英里,而从伦敦到威廉的登陆点佩文西有至少60英里,应该说哈罗德的情报系统还是做得不错的,那么威廉登陆之后做了什么呢?

按照一般入侵者的做法,在军队登陆后应该是以尽可能快的速度向敌人的首都进军。原因非常简单,因为时间对入侵者更加宝贵,随着时间的拖延,防守一方的兵力将会迅速增加,迅速进攻首都迫使敌人与自己会战并赢得决定性的胜利,这是绝大部分将领的选择。

但是威廉没有这么做,他将自己的军队下船后,第二天便抵达哈斯丁,那里是从伦敦通往南部海岸的大路的终点,威廉在那里修建了一个设防的营地,然后派出分队向四乡征集补给。

不难看出,威廉此时的意图是等待哈罗德主动来进攻。这种做法可能有两个原因:1. 哈罗德个性比较急躁,喜欢使用急行军突袭的战术,这在斯坦福桥之战和不久前他对威尔士的征服战争中可以得到验证,还有英格兰南部有大片他本人与其支持者的领地,哈罗德为了保护自己与支持者的领地会主动进攻;2. 威廉应该已经知道哈拉尔三世入侵英格兰,但是他应该并不清楚哈拉尔三世已经在斯坦福桥战死(斯坦福桥之战是9月25日,而威廉上船是9月27日,以当时的通讯手段两天时间内消息不可能传播的这么远)。所以依照常理揣测,当哈罗德得知自己两面受敌时,应该会选择各个击破的战术。而从距离上看,哈斯丁距离伦敦比约克距离伦敦近得多,所以哈罗德主动进攻威廉的可能性比较大。当然,威廉的选择还有一个好处,那就是他不用和自己的舰队分开,这样即使打败了也可以退回营地里,通过舰队补给或者重新上船选择一个新的登陆点。

当哈罗德得知威廉入侵的消息后,第二天、也就是10月2日,他就率领军队返回伦敦,并于5~6日后抵达伦敦。这个速度非常惊人,平均每天走了40英里左右。因此他手中的兵力应该只包括他的亲兵,民兵的数量可以忽略不计。至于那两位北方的伯爵(莫卡与艾德温),他们的军队在富尔福德门之战中损失惨重,应该没有随行。抵达伦敦后,哈罗德向全国发出召集令。

如果站在笔者的立场上,哈罗德此时最有利的选择无疑是在伦敦尽可能长地拖延时间,以等待全国各地的民兵动员集中起来,同时派出舰队去攻击威廉的舰队,让南部坚壁清野,用饥饿来消耗敌人的力量。假如威廉向伦敦进军的话,就必须离开自己的那支舰队,以当时的陆地交通条件,威廉是不可能带着一支攻城纵队的,他很难一个个夺取沿途的城堡据点,因此如果他被哈罗德打败,就只有全军覆没的下场。而即使打赢了,只要哈罗德本人没被俘虏或者战死,他完全可以退回某个堡垒再战。

但是哈罗德没有这么做,他在伦敦待到10月11日就向哈斯丁出发了,同时他还派出一支小舰队迂回封锁威廉的退路。他此时手中的军队大概包括自己本人与两个兄弟的亲兵,另外就是一部分集中的民兵,其总数各种说法不一,从7 000~5 000都有,不过有一点可以肯定,哈罗德本人的亲兵部队损失很大,而且其中的骑兵和弓箭手不多。

哈罗德这么做除了个人性格的原因,更大的可能性是他在南方的支持者正在遭到诺曼军的劫掠,如果他继续在伦敦待下去,很可能会影响这些人对他的忠诚,这对他未来的统治大有损害。当然,还有一种可能性是刚刚对挪威入侵者的胜利让他过高地估计了自己的实力,轻视了未来的对手。不过哈罗德在从伦敦前往哈斯丁的途中行军速度大大降低了,每天大概只有19英里,这有两种可能:1. 他在等待南方的小领主和民兵赶来汇集;2. 他的军队中大部分都是徒步步兵,这样可以节约时间。于是当13日夜里,他抵达了战场附近的一个高地,并在那里宿营,宿营地有一棵古老的苹果树作为标记。

按照史书上的记载,会战是在第二天的早上九点正式开始的,地点是位于威尔登山地的一段较为平缓的山脊及其下面的坡地。由于战场就在哈罗德军营地的附近,而距离诺曼军的营地还有大约六英里的路程,因此诺曼人应该是在天亮前就已经出发了。显然威廉在英军抵达后立即就得知,然后连夜出兵直抵敌军营地寻求决战了,甚至有的骑士在回忆录中声称,诺曼军赶到时,大部分英军士兵还处于睡梦之中。

不过哈罗德还是占据了有利的阵地,显然他在宿营时就考虑到了这点。英军的阵地位于威尔登山地的山脊上,在阵地的西边是阿斯顿溪流的源头,在东侧则是一段陡坡,对于诺曼人的铁甲骑士来说,都是难以越过的地理障碍。而且那条溪流顺流而下,在英军的右翼正面形成了一条屏障,哈罗德军很可能将仰攻的敌军压入其中。整个阵地唯有中间段容易遭到进攻。哈罗德将自己的军队分为三部分,分别由自己和两个兄弟指挥,他们按照盎格鲁—撒克逊的传统队形组成了"盾墙",英军的最主要原则是保持这个"盾墙"的完整。在他们阵地的中央,打起了代表威塞克斯王朝的"龙旗"与代表他自己的大旗。

威廉将自己的军队分为三部分,左翼是招募而来的不列颠人,右翼为各国的佣兵,而中央是诺曼人,由他自己亲自指挥。而每一部分兵力都分为三个梯队:最前面为弓弩手,其次为重装步兵,最后为骑兵。

上午九时许,战斗开始。诺曼人开始仰攻,弓弩手首先开始射击,由于是仰射,绝大部分箭矢要么越过英军头顶,要么被盾牌挡住了。而英军以投枪、石块和少量的弓箭手还击。激烈的肉搏战持续了一段时间,诺曼军的数次猛攻都被击退,无法突破英军的盾墙,不但参与战斗的步兵有死伤,连其后的弓弩手也受到相当的损失,不过诺曼军的最后一列的骑士还没有直接投入战斗。

正当此时,在诺曼军的左翼突然出现了恐慌的现象,最前列的步兵开始转身逃走,随后的弓弩手也随之后退,甚至连最后没有直接参加战斗的骑士都被冲乱了阵脚。这种情况在古代冷兵器战争中很常见,尤其是仰攻的一方。因为与平地交战不同,仰攻时第一排和第二排的士兵可能还有机会使用自己的武器,后面几排的士兵除非前排的士兵倒下,他们根本没有机会参与战斗,更糟糕的是他们还会不断遭到居高临下的敌人箭矢、投枪、投石的打击。而行列中的士兵的肉体和精神都处于高度压力之下,某一个人的逃走或者谣言都会造成阵线的崩溃。这就是一个典型的例子。

诺曼军左翼的溃退立即引起对面的英军右翼的逆袭。这次逆袭不但将诺曼人第一线的步兵和弓弩手扫下山坡,而且连后面的骑士也随之退却。中央阵线和右翼的诺曼军发现后,也不得不向后退却,以免遭到英军右翼的包抄。

对于哈罗德来说,这是一个一举翻盘的大好机会。虽然他没有骑兵,但地形的局限也使得诺曼的骑士无法迂回攻击他队形的侧翼。如果他在这个时候让中央与左翼的英军协同右翼发起进攻,即使无法将诺曼军的骑士一起消灭掉,至少也能将敌军的步兵和弓弩手打垮。威廉也许可以用完好的第三线骑兵掩护一部分步兵和弓弩手退回营地,但这次入侵肯定是失败了,因为随着援兵的到来,接下来哈罗德的兵力只会越来越多。但不知道是什么缘故,哈罗德没有让中央与左翼的军队同时发起进攻。

此时,在诺曼军的第三线又发生了一件对英军很有利的事情,似乎是中央阵线退却的时候,威廉本人从战马上跌落下来,这立即引起了一片混乱,一片喊声说他已经完了。威廉赶忙跳上第二匹战马,将自己的头盔向后一推,大声叫喊:"让大家好好看看我,我还活着,上帝保佑,我还要赢得这场胜利!"威廉的果断行动制止了己方阵线的混乱,胜利的天平开始缓慢地朝有利于诺曼人一方倾斜了。英军右翼的逆袭由于遭遇到阿斯顿溪流的阻遏,被制止住了,接着诺曼人中央阵线的骑士发动逆袭,切断了右翼逆袭部队,将其包围起来全部歼灭。根据一个诺曼骑士的回忆说杀死了数千人,显然这不可能,不过这里面应该包括英军右翼最勇敢的一部分士兵,但英军剩下的士兵还是足以守卫山脊上的阵地。

威廉在整顿好自己军队的行列后,重新开始进攻。不过他此时投入的是骑士,让其分成小队用长矛反复冲击。他这么做最大的可能是诺曼的步兵在刚才的战斗中表现不好,他担心又一次被英军的逆袭击溃,而且骑兵还是生力军,攻击已经有些疲倦的敌军可能效果更好。但是诺曼人的骑兵也没有突破敌人的防线。

也许是受刚才的启发,威廉此时采用了一个狡猾的诡计,他让自己的右翼佯装后退,从谷地退往高处,当英军冲下山脊追击时,让右翼的步兵从正面反击,同时用中央阵线的骑兵侧击,连续两次打败了英军,杀伤甚多。显然,英军缺乏组织和指挥不统一的问题在此暴露无遗。

在保卫家园的战斗中,即使是临时征集的民兵也有着高昂的士气,他们可以打退敌人步兵和骑兵的反复进攻,但是在激烈的战斗中,指挥官无法让各部做出协调的战术行动来,这在与有着强大骑兵与弓箭手加强的复合军队进行会战时是致命伤。

此时已经接近当天的黄昏了,虽然遭遇两次挫败,但山脊上的英军依然士气旺盛,不过兵力的减少已经显而易见,尤其是左翼。为了加强左翼,哈罗德本人将自己的大旗向左转移。如果白天不能结束战斗,有可能哈罗德会在当夜得到援兵,还有可能哈罗德会在当天夜里连夜撤退。由于不熟悉地形的原因,威廉几乎不可能追上敌人。由于是主场作战,这次会战的损失哈罗德很容易补足,而威廉这里损失的每一个人都是无法补充的。山脊下的威廉准备做最后一搏,他将自己的军队排成密集队形,然后让弓弩手上前,抬高射击角度,让箭矢落在英国人的头顶上。

可以想象一下当时山脊上的情况,经过一个白天的激战,英军的阵线已经稀疏了很多,亲兵们用沙哑的嗓音激励着疲惫民兵们再坚持一会儿,许诺等到天黑之后就会有新的援兵赶到。哈罗德站在龙旗之下,黝黑的脸庞脸色凝重,他的两个兄弟在之前的战斗中都已经丧命,他是剩下唯一的指挥官,无人可以替代。如果他倒下了,不但会输掉这场战争,还会输掉这个王国,甚至连戈德温家族这一盎格鲁—撒克逊人中首屈一指的名门望族也会就此断绝。今天的我们无法揣测当时的哈罗德脑海中是否会闪现过后悔的念头,但他的行动无愧于他的高贵身份。此时诺曼人的箭矢开始从天上落下,士兵们不得不将盾牌举过头顶,但还是不时有人中箭倒下。诺曼人的步兵和骑兵正在缓慢的靠近,但是英国人的标枪、石弹、箭矢都已经用尽,只能眼睁睁地看着敌人靠近。

在山脊下的坡地上,威廉看了看四周敌我双方的尸体,对于这些他并太不在意,在他看来这些都不过是购买那顶王冠的预付款罢了。威廉看了看天色,时间已经不多了,如果这一次还无法突破,就只有等明天了。看到弓弩手已经将最后一支箭射完,威廉放下头盔的面具,拔出长剑做了个手势,示意开始进攻。

山脊上剩余的英格兰人已经不足以维持一条完整的盾墙,有人已经开始乘马或者步行向西面或者西北面逃走。龙旗下,哈罗德本人在亲兵的扶持下勉强站立着,就在几分钟前,一支箭矢射中了他的眼睛。他强忍痛苦指挥着亲兵们向后退却到更狭窄的"颈部",英军现有的兵力已经不足以守卫整条山脊了。虽然山脊上混乱不堪,但是他的命令还是被很好地执行了。冲上山脊的诺曼人惊讶地发现,虽然大部分英格兰人正在混乱地向后退却,但山脊最狭窄的颈部还是被一群英格兰人守卫着,从他们的盔甲和中间的龙旗看,应该是哈罗德身边的精锐卫兵。面对这群顽强的敌人,诺曼人犹豫了起来,原因很简单,现在胜局已定,自己又何必冒险与这群明显是困兽的敌人拼命呢?

当威廉登上山脊看到这一切时,愤怒地斥责骑士和士兵们,说他们打败了大部分敌人却被最后一点残敌给吓住了,然后用重赏来激励手下。得到公爵激励的诺曼士兵扑了上去,经过短促而激烈的战斗,那一小部分勇士和他们的国王都被砍倒,威廉指挥着骑兵通过"颈部"追击,直到天色黑到追击完全不可能时为止。

这时威廉才回到主战场,他发现哈罗德尸体已经被剥个精光,最后那场残酷的战斗几乎将他砍得遍体鳞伤,诺曼人花了好一会儿工夫才把他从身旁的那些亲兵中辨别出来。威廉下令将尸体清洗后搬到自己的营帐,不久后葬在不远处的一个海岛上。

作为胜利者,威廉在接下来的几天里控制了英吉利海峡上的几个重要港口,等待到了己方的援兵,然后开始进军伦敦。在半路上,他得到了梦寐以求的东西——向他献上王冠的伦敦城的代表,威廉在稍作姿态后,接受了王冠。他进入伦敦后的第一件事情,就是修建一座要塞作为自己的居所和控制伦敦的基地——这就是伦敦塔。在当年的圣诞节,威廉在约克的艾尔德里德大主教的加冕下登上英格兰王位,不过这仅仅是开始。在接下来的三年时间里,威廉一直忙于平叛战事。在这些战斗中,他采取了极为残酷的手段,威廉不仅攻击战斗人员,还对叛乱地区的土地和人民加以蹂躏,并将叛乱贵族的土地和爵位加以剥夺,赐给忠于自己来到英国的诺曼和法国贵族。同时,他还在占领区修建城堡,作为控制这些区域的军事据点,他的这种做法在英国的过去是没有的。因此当1069年威廉基本控制英格兰,遣散佣兵的时候,当时的英国已经有大约三分之一的区域化为废墟,而英格兰也成为一个从未有过的高度集权制的国家。

在哈斯丁之战中,哈罗德所指挥的军队可能是当时西欧最好的步兵部队,这在他们击败挪威哈拉尔三世的战斗中得到了证明。在这支步兵部队中,领主的亲兵起到了骨干的作用,士兵也有着旺盛的士气,在组成盾墙时,正面完全可以抵御敌人铁甲骑士的冲击。但是即使哈罗德占据了极为有利的阵地,依然被诺曼人的联合军队所击败了。其中固然有威廉高超的指挥艺术的原因,但从战局上看,虽然他们组成盾墙可以击败敌人骑兵的进攻,只要这些步兵转入进攻状态进入平地,就很容易被诺曼人的披甲骑士的侧翼打击所击破、消灭,光防守是无法赢得胜利的。因此,哈斯丁战役标志着铁甲骑士已经完全压倒步兵成为战场上的王者。

那么步兵就在平地遭遇铁甲持枪骑兵就只能被动挨打吗?从哈斯丁战役上看,面对有组织的步兵正面,骑士实际上也没有什么好办法,但行进中的步兵很难保护自己的两翼。因此假如将步兵分成两个部分,当骑兵攻击第一列步兵横列的侧翼时,前列的步兵可以立即收缩队形,组成多个空心方阵,将弓弩手保护在其中,抵御敌人骑兵的进攻;而后列的步兵则可以以纵队高速上前,攻击那些保卫空心方阵的骑兵,将其消灭。当然这需要更加出色的基层军官和受过更好训练的专业步兵,这是11世纪初的盎格鲁—撒克逊人那种民兵体制所无法提供的。

维京人

当公元 814 年,威名赫赫的查理曼大帝离开了人世。这位神圣罗马帝国的第一任皇帝享有高寿,以至于他的两个儿子在此之前都离开了人世,皇位为其剩下唯一的儿子虔诚者路易继承。这位幸运的皇帝在去世前按照法兰克人的古老传统,将庞大的帝国像分割财产一样均分给了三个儿子,这三个王国就是法兰西、意大利、德意志的雏形。很快,三兄弟之间即爆发了战争,而这无疑给新的外来入侵者敞开了大门。

仿佛希腊神话中地母盖亚的子宫,从古代开始,斯堪的纳维亚半岛的冰天雪地每隔一段时间就会涌出一批骁勇善战的蛮族南下,寻找温暖富饶的土地。色雷斯人、日耳曼人、法兰克人等等,从人种上看,维京人与日耳曼人血缘很近。从公元六世纪开始,他们就越过波罗的海,在其东岸定居下来,接着他们便沿着大河南下,开始入侵和贸易。他们在河流的两岸或者河心岛建立要塞和定居点,征服了当地的东斯拉夫部落,基辅罗斯据说就是他们建立的。在对君士坦丁堡进行了一次围攻后,东罗马皇帝用很优惠的条件收买了他们,他们成了皇帝的雇佣兵和忠实盟友。

在稍晚的时期,大约为公元八世纪的后期,维京人的矛头开始向西转,这有可能是他们掌握了更先进的航海术的缘故,他们的龙船可以离开波罗的海这个大澡盆,进入波涛汹涌的北海。以劫掠林狄斯芬的海岛修道院为开始,在接下来一个半世纪时间里,维京人开始在大不列颠岛、法国、日耳曼频繁出现,他们围攻城镇,抢劫财物和奴隶,甚至连修道院也不放过。维京人是优秀的水手、商人、战士,也是冷酷无情的征服者。他们戴着铁制头盔,手持圆盾牌和标志性的长柄战斧,像蝗虫一样将所经之处一扫而空。更重要的是,在相当长的一段时间内,维京人信仰异教,上帝也没法保护他们的牧羊人(教会)。在中世纪的传说中,维京人与匈奴人、马扎尔人、萨拉森人几乎是同义词,代表魔鬼和恐惧,而维京人也用实际行动证明他们无愧于这种恐惧。

此时无论是西欧大陆还是英国都陷入软弱无力的分裂状态,当维京人发现这一点的时候,他们干脆在这些比故乡富裕得多的地方定居下来,建立了许多殖民地,其中最有名的便是法国西北方的诺曼底(即"北方的人的土地")。虽然按照当时的封建法律,诺曼人向法国国王宣誓效忠,承认对方是自己的领主,但诺曼人一直都是法国王室最危险的敌人,他们之间的战争几乎持续了整个中世纪。诺曼人的后代在其后征服了英格兰、意大利南部、西西里,成为中世纪欧洲几个最强有力的封建君主。

瓦兰吉(Varangians)卫队

从公元三世纪开始,曾经不可一世的罗马帝国走入了自己的暮年,残酷的内战消耗了帝国为数不多的力量,而外部层出不穷的蛮族则从四面八方威胁着帝国。最终这些蛮族终于覆灭了帝国的西半部分,但帝国的东半部分还继续维持了几乎一千年。支撑着东部帝国有两根支柱——黄金与军队,而瓦兰吉卫队便是这两者的混合物,拜占庭的金库里数也数不清的黄金换来了这些北欧勇士的忠诚,使他们由凶恶的敌人成为皇帝最为可怕的武器。

组成与由来

瓦兰吉卫队是一支拜占庭帝国的皇家近卫重装步兵,其成员主要是迁入南俄草原的维京人,这从他们的称号可以看得出来——瓦兰吉

(Varangians)这个词来源于挪威语中的"ver",即誓言。依照当时北欧人的风俗,全体维京人分为三个阶层:领主、自由民、奴隶。在远征时,自由战士们必须向领主宣誓效忠,才可以参与,并与领主分享战利品,而卫队的成员在加入前也必须向东罗马皇帝宣布效忠,由此得名。当然东罗马的皇帝们也用丰厚的薪饷回报了勇士们的忠诚(每个卫队士兵可以得到每个月10~15诺米斯玛的薪水,即一年五分之二磅到五分之三磅黄金,按照金价折算大概为年薪一万美金。考虑到中世纪没有新大陆的贵金属流入,实际上是低估了,在当时可是极为丰厚的价格,整个欧洲只有东罗马帝国皇帝出得起这个价),丰厚的薪水使得维京人最著名的勇士也作为卫队的成员为皇帝陛下效力。比如著名的挪威国王哈拉尔三世在未登基前就在卫队之中。传说巴西尔二世甚至允许手下的维京军官们肆意掠夺自己的行宫作为奖赏。

众所周知,维京人从公元8世纪开始袭击侵扰英国及欧洲沿海,但他们向南俄草原直至黑海的殖民历史就未必广为人知了。维京人的故土北欧土地贫瘠,气候寒冷,不适宜农业活动,因此维京人有这样一种风俗习惯——家庭中的长子留下来继承家业,其余的孩子成年后则必须出外寻找安身立命的地方。而且北欧一年只有不到半年可以种田,其余的时间农民则空闲无事,商人与海盗便成了农民不错的兼职(商人与海盗其实在古代是同义词)。维京人成为海盗有两个优势:1.他们的故乡有着欧洲最为曲折的海岸线,多峡谷港湾,而且他们特有的长船吃水浅、重量轻、体型窄,可以在欧洲所有的河流航行;甚至在必要的时候船员还能扛着船前进,从一条河来到另外一条河,几乎没有他们去不了的地方;2.北欧盛产高品质的铁矿石与铜矿,这使得维京人可以制造精良的武器与防具。从公元八世纪开始,维京人便沿着伏尔加河与第聂伯河而下,经商与劫掠。他们的商品有蜂蜜、皮毛,但最重要的商品却是奴隶。当时黑海沿岸还有许多隶属于东罗马帝国的希腊城市,阿拉伯与突厥商人在这里用白银、黄金、香料、丝绸与维京人进行交易。维京人在这条贸易线路两旁殖民定居。当时南俄草原上的主要居民是斯拉夫人,在斯拉夫人中有这样一种风俗,儿子们无论年龄大小,都有平分父亲遗产的权利,即使是一个很强大的酋长,只要本人一死他的部落就会四分五裂。因此当时的斯拉夫人始终无法形成一个集中的王权,相互之间征战不休。而维京冒险头领们便利用这点征服了不少斯拉夫人,自己成了当地的王公甚至国王,其中最成功的便是留里克王朝的始祖留里克三兄弟。其后他们的部属与后代征服了基辅,这便是俄罗斯城市的母亲基辅罗斯,罗斯一词在俄语中的本意就是"北方的人"之意。这些王公们最大的收入来源便是奴隶贸易,而奴隶的来源便是他们治下的斯拉夫人。

从公元 838 年,基辅罗斯人便与东罗马帝国有了接触,一开始是贸易,但君士坦丁堡高耸的城墙后面数不清的财富很快就激起了基辅罗斯人的贪婪。从公元 8 世纪到 9 世纪,基辅罗斯人与东罗马帝国时战时和。东罗马帝国的皇帝们是精明的将军与狡诈的外交家,为了摧毁当时最危险的敌人保加利亚人,他们用 1.5 千磅黄金收买了当时基辅罗斯大公斯维亚托斯拉夫,夹攻保加利亚国。虽然两国之后还有交锋,但皇帝赢得了胜利,迫使基辅罗斯与其签订了和约,此时开始有部分基辅罗斯人在东罗马军队中服役。

真正的转机是在公元 9 世纪末的巴西尔二世在位时。5 岁丧父的他面临着内忧外患,掌握着雄厚军事实力的小亚细亚军事贵族纷纷发起叛乱,最危急的时候他的手中只剩下了一个君士坦丁堡。为了加强自己的军事实力,他向当时的基辅罗斯大公弗拉基米尔·斯维亚托斯拉维奇求援,而对方则提出要求娶巴西尔二世的妹妹为妻。在当时的东罗马帝国人眼里,基辅罗斯人不过是一群异教野蛮人,以弗拉基米尔·斯维亚托斯拉维奇本人为例,他在此之前就有 800 个妻妾。于是巴西尔二世便提出要求对方改信基督教,而弗拉基米尔·斯维亚托斯拉维奇正好需要一种宗教帮助自己统治广大的基辅罗斯,压制其他王公,便欣然受洗。以自己的妹妹为代价,巴西尔换来了 6 000 名基辅罗斯亲兵,这便是瓦兰吉卫队的由来。

此时在东罗马帝国的军队中,骑兵还保持着不错的战斗力,但昔日以军区制为基础的步兵则已经随着军区制度的瓦解而变成了临时征集的乌合之众,瓦兰吉卫队的到来填补了这个空缺。凭借着瓦兰吉卫队的强大战斗力,巴西尔二世很快消灭了叛贼,接着他便发动了一系列对外征服战争。他先向阿拉伯人夺回了叙利亚,接着转向西北,征服了保加利亚王国,在萨洛尼卡战役后,他下令将百分之九十九的俘虏双眼刺瞎,由剩下百分之一的人将其带回,赢得了"保加利亚屠夫"的绰号。经过30余年的苦战,除了北非与埃及,巴西尔二世几乎恢复了东罗马帝国全盛时期的版图。公元1025年,巴西尔二世在前往西西里的征途中去世,他一生未娶,绝大部分时间都和军队在一起。让人惊讶的是,巴西尔二世在进行了近30年的战争后,居然在他的宝库里还留给下一位皇帝144 000 000诺米斯玛的财富(大约2 000万磅黄金,按照现在的美元价格也就是4 232亿美元)。

武器与装备

为当时欧洲最富有的君主服务,瓦兰吉卫队勇士们的装备可以说傲视所有的北欧兄弟。他们最著名和有标志性的武器就是丹麦战斧了,这种在奇幻小说里矮人和狂战士最喜欢使用的武器有单手使用的和双手使用的,单手使用的也可以用于投掷。无论是盔甲还是盾牌,都很少有能够抵挡住他们恐怖的砍杀。作为东罗马帝国皇家卫队的一部分,瓦兰吉卫队还统一装备有罗姆法亚剑,即在东南欧十分流行的色雷斯逆刃刀,不过好像这种武器只是用于检阅的当仪仗队,而非实战,一般来说瓦兰吉卫队还是喜欢使用战斧与自带的剑。诺曼征服大不列颠后,一部分撒克逊和在英国的丹麦贵族因为不甘受诺曼人的统治,便流亡到东罗马帝国成了瓦兰吉卫队的一员,他们将撒克逊的阔刃剑也带入了瓦兰吉卫队中。

早期的瓦兰吉卫队士兵使用维京人传统的园盾牌,这种盾牌的直径约为0.9米到1.2米,用两层橡木板黏合而成,边缘用金属加固,正面覆盖牛皮。但不久后他们就发现筝型盾是一个更好的选择。相比起圆盾,同样的重量下筝型盾有更大的防御面积,可以保护双腿,而且第一排的士兵还可以将盾牌尖锐的底端插入土里,更好地防御敌人进攻。除了盾牌以外,卫队的士兵的身体还受到包括护鼻的圆顶钦头盔、护手、护胫的全身链甲的防护。为了节约士兵的体能,其实瓦兰吉卫队的绝大部分士兵都是有战马的，不过他们战斗时下马结阵作战。他们的身体受到如此好的保护，以至于他们的敌人选择手臂或者腿部的关节作为主要进攻的目标。一个欧洲历史学家曾经考察过某次战役士兵的集体坟墓，绝大部分战死者的腿骨都有断裂的痕迹。

全副武装的卫队士兵

战术与组织

瓦兰吉卫队的战术与组织是很简单的，他们通常在战斗一开始排成密集的横列，士兵们肩并肩地排成几列，他们的盾牌形成一道坚实的墙。最高贵的酋长与军官站在第一排，在他们的两侧则是向他们宣誓效忠的士兵们。想从正面冲破这道墙几乎是不可能的。如果说古罗马的军团士兵的左手曾经被帕提亚骑射手的筋角复合弓发射的箭矢钉在自己的长盾上，同样事情可绝对不会发生在瓦兰吉卫队的身上。冶金技术的进步和皇帝充沛的金库让几乎每一个卫队士兵都装备有链甲、头盔、护手、护胫、筝型盾，许多士兵甚至在铁甲的里面还穿一种叫作kavadion的软甲，那是一种内填充材料的布甲。无论是著名的土耳其复合弓还是游牧民族使用的投石器和标枪，对他们的威胁都是微乎其微的，而肉搏战就更不用说了。古典国家的崩溃使得当时的地中海世界的步兵基本都堕落成骑兵的附属物了，面对那一排排雪亮的战斧，能够不转身逃走就已经是非常给将军面子的了。至于骑兵也很难在与瓦兰吉卫队的较量中占到便宜，比如在 Dyrrhachion 战役中，瓦兰吉卫队不但抵挡住了当时西欧最好的诺曼枪骑兵的冲击，而且还发起反击。如果不是保护他们侧翼的希腊人不给力，瓦兰吉人就可以让自己的诺曼表弟品尝一下久违的北欧战斧滋味了。

在通常情况下，瓦兰吉卫队的位置在东罗马军队的中央阵线，他们的主要任务是用极为猛烈的冲击撕碎敌人的阵线。在上战场前，卫队的士兵们通常喜欢痛饮一番（当然他们平时也喜欢痛饮），这些"酒囊"

们(希腊人对瓦兰吉卫队的蔑称)高唱着对神灵的颂歌(这点和古代日耳曼人很相似),排成整齐的楔形阵,往往一次冲击就能将敌人击垮。在对佩切涅格人的贝罗亚"Beroia"战役中,瓦兰吉卫队突破了对方的"车城",让人数十几倍于自己的敌人全军覆没。

　　但是随着东罗马帝国的逐渐衰颓,瓦兰吉卫队也渐渐走向了末路。不管这些北欧勇士如何勇猛善战,依然无法逃脱步兵的宿命——所有的步兵方阵的侧翼和背后都是致命的弱点。假如有一支精良的骑兵保护侧翼,那的确他们就是不可战胜的,但到了公元11世纪,东罗马的原先引以为豪的近卫骑兵已经彻底落伍了。如果说原先近卫骑兵在面对突厥弓骑兵的时候,可以凭借其精良的盔甲与敌人对射和肉搏的话,但面对西欧的冲击枪骑兵,就是打也打不过,跑也跑不过,一无是处。在与诺曼公爵罗伯特·吉斯卡尔德的战斗中,正是因为骑兵没有掩护卫队的侧翼,最后导致全线崩溃。虽然如此,在战后囊中羞涩的东罗马帝国解雇了绝大部分雇佣兵,唯一保留下来的只有瓦兰吉卫队。这支光荣的军队据说一直保留到了1404年,距离君士坦丁堡的陷落只有不到半个世纪。

瑞士步兵

在整个中世纪的绝大部分时间里（公元 5 世纪到公元 15 世纪），步兵在欧洲军队中都处于一种从属者的地位，骑兵，尤其是以持枪骑士为核心的重骑兵，才是战场上的王者。在历史上不难找到数百名乃至数十名西欧骑士以寡敌众打垮了数万敌军的例子（当然每名骑士还有数量十倍于自己的侍从），步兵在这些战斗中的作用不过是守卫营寨、摇旗呐喊、打扫战场而已。西欧持枪冲击骑兵的威力用拜占庭公主兼著名历史学家安娜·科穆林娜的话说："那些诺曼骑士的骑枪几乎能将拜占庭的城墙捅个窟窿。"其威力可见一斑。

军队中骑兵与步兵的天壤之别也折射到了社会上，能够负担得起战马与盔甲巨大费用的人才能享有拥有土地这一最重要财产的权利。无力购置盔甲与战马的穷人只能将财产和自己置于披甲乘马的贵族保护之下，这种弱者与强者之间的保护与被保护关系是整个中世纪社会维持的根本。如果一个贵族体弱多病而无法披甲上马，持干戈以卫社稷的话，那么他的继承权经常会被剥夺，本人遁入教会，而通过收养的形式将财产交给那些有能力承担这一军事义务的人。那些拥有巨额财富而因为其他原因无法承担军事义务的群体（比如犹太人、富有的修道院、商人），往往会成为贵族与国王勒索的对象。在这个社会里，财富与武力、社会地位是高度统一的，因此这个制度也是高度稳固的，仿佛可以永远持续下去。

但当时间发展到 14 世纪初，情况发生了微妙的变化。施维兹同盟——一个位于阿尔卑斯山以北、苏黎士湖以南的一些山地部落组成的小同盟，企图摆脱哈布斯堡家族的控制。战争的胜负可以说是不言而喻的。哈布斯堡是当时欧洲最强大、最富有的封建诸侯，他所统治的南德领地土地肥沃，从威尼斯通往北欧的商路穿行其间。更重要的是，他控制着波希米亚，那里有着当时欧洲最大的银矿——富格尔银矿，凭借这一巨大的财源，哈布斯堡家族不但可以用最好的盔甲和战马武装自己的军队，而且还多次当选神圣罗马帝国皇帝。反观施维兹同盟所在地区可以说是当时欧洲最为穷困的地区，贫瘠的山地让山民们只能勉强填饱自己的肚皮，不要说战马，就连一副胸甲都很难购置，只能徒步作战。

但战争的结果却出人意料，山民们打败了哈布斯堡家族的军队，而且不止一次——那可以归结为偶然的因素。通过持续不断的战争，山民们不但维护住了自身的独立，还在未来的一百年里将同盟的范围扩大到了今天整个瑞士加上北意大利部分地区。瑞士的步兵在整个欧洲赢得了无敌的声誉，这些贫穷的山民们也获得了一个意外的职业——当雇佣兵，直到今天，教皇的卫队还是由瑞士人组成的。

早期瑞士步兵的武器都是十分粗陋的，绝大部分人都没有盔甲，贫瘠的山国也养不起优良的战马，那为什么他的邻国无法通过模仿来战胜他们呢？要知道战争持续了近百年，无论是哈布斯堡还是法国、勃艮第公国，所拥有的人力、物力、财力都远胜于瑞士人，他们有足够的资源和时间学习瑞士人的战术。

这就要从瑞士人独特的政治制度说起。在中世纪的欧洲，尤其是在欧洲大陆，自耕农几乎已经被消灭了，土地属于国王与教会所有，然后国王又将土地与土地上的农民以承担军事义务为条件分封给领主，领主们也如此效法，将其分封给自己的武装扈从。

这些领主们不但有权迫使自己领地内的农民承担沉重的赋税、劳役，还在领地内部拥有司法权、警察权甚至一定程度上的立法权，并且享有许许多多其他稀奇古怪的权力，初夜权就是一个例子。从某种意义上讲，领地内的农民和树木、庄稼没有区别，是属于领主的某种财产，他们的地位只比牲畜稍微好点。少数工商业发达的地区出现了城镇，城镇的居民通过向领主出钱赎买或者武装斗争的手段获得了人身自由,而且在通常情况下,城镇居民是不用服兵役的。

在战争发生时,领主和他的扈从们便组成骑兵,而步兵则主要由临时征集的农奴组成,要不就是临时征集的雇佣兵。不难想象,这些不要说穷困,甚至连人身自由都没有的农奴们,又有什么意愿上战场厮杀呢?至于雇佣兵,他们也许可以打败一些敌人,但进行无利可图的战争就是另外一回事了。反观瑞士人,由于土地贫瘠、交通不便、经济落后,在当地搞封建庄园根本无利可图,就算有几个封建领主也很快变成较为富裕的农民。所以在整个中世纪,瑞士一直保持着类似于古希腊城邦的政治体制,没有领主、没有国王也没有农奴,几乎所有成年健康男子都是战士。这些为了自己的土地和自由而战的人,与那些被驱赶而来的农奴和为了金钱作战的雇佣兵相比,毫无疑问占据着巨大的道义优势。因此瑞士军队可以忍受惊人的伤亡依然猛攻不止。例如在穆尔滕之战中,正面冲击勃艮第军阵地的伯尔尼军团遭到敌军炮火和弩弓的齐射,3 000第一时间就死伤500人,减员接近两成,可瑞士人依然继续猛攻,突破了勃艮第军的中央阵线。当时的欧洲人也不是不明白这个道理,但无论是哈布斯堡的王公还是勃艮第的国王,都不可能在自己的国家效法瑞士人的政治制度,因为那首先就要革掉自己与贵族老爷们的命。

当然仅凭道义优势是不可能赢得无数胜利的,否则这个世界就不会有侵略战争了。最终让瑞士人在战场上屡战屡胜的还是严明的纪律和高明的战术。如果我们留心观察,会发现一个奇怪的现象,在许多次瑞士人与敌人的交战中,瑞士军队的身份都是突袭者,但瑞士人几乎没有骑兵,而他们的敌人却往往拥有一支强大的骑兵。在古代战争中,拥有骑兵优势的一方一般来说就拥有情报和信息的优势,换句话说,拥有骑兵优势的一方一般来说都不太可能遭到敌人的突袭。那么瑞士人是如何做到的呢?

如果我们留意电影散场的时候,就会发现假如大家遵守秩序,虽然看起来很慢,但不一会儿就会走出场外;如果有一两个人抢着往外挤,就会乱成一团,大部分人都只能干看着着急,半天也出不了几个人。军队行军也是一样的,行军的速度在很大程度上取决于是否能保持秩序,每个人都知道自己在行列中的位置,那就能保持很高的行军速度。瑞士人出类拔萃的纪律性让他们不但可以有很高的机动性,而且他们还有一项绝技,那就是能够以惊人的速度由行军队形展开为作战队形,他们甚至能够排成密集战斗队形越过崎岖的山地、沟渠乃至敌人的野战工事。瑞士人有一个惯用的战术就是首先让由弩手、长戟手组成的先头散兵向敌人发起试探性的进攻,吸引敌人离开工事,同时由长矛手组成的主力方阵穿过森林、谷地等难以逾越的地形,迅速展开靠近敌军发起突袭。比如在南锡战役中,勃艮第国王大胆查理占据了山谷的有利地形,将弓箭手与火炮部署在中央,重装骑士下马在两翼,企图迫使瑞士军队从狭窄的正面发起冲击,发挥自己的火力优势。却没想到瑞士人穿越了积雪覆盖的森林,抵达了峡谷的上方,迅速展开队形发起冲击,大胆查理军队的射程优势被斜坡的高度差抵消了,瑞士步兵摧毁了勃艮第军队,大胆查理本人的尸体三天后被人在湖水中找到。而瑞士人这种恐怖的队列变换能力并不是天生的,据说当时瑞士儿童只有一种娱乐活动,那就是拿着长矛按照鼓声和旗号做队列训练。而且每一个瑞士军团都是从同一个州的男子抽调而来的,这样不但语言相通,而且有更强的凝聚力和战斗力。

　　不过当时瑞士人最早赢得的名声倒不是善战,而是凶残。因为瑞士人在战争中是不留俘虏的,这在中世纪可是绝无仅有的。对于中世纪的绝大部分军队来说,俘虏中的泥腿子步兵倒也罢了,贵族和骑士可是一个个活动的金库,与其杀了他们,还不如留下来向敌人索要高额的赎金。因此在绝大部分中世纪的战役中,泥腿子可能死了无数,贵族老爷们只要不死在战场上,都能好端端地回去,说不定连战俘营都不用蹲,反正食宿费用最后都是自己埋单。至于雇佣兵更是如此,这些为了金钱而战的乌合之众相对于战争更对抢劫感兴趣,在意大利的城邦战争中时常出现数千人厮杀一日,伤亡数人的荒谬场景。

　　而瑞士人却不抓俘虏,对敌人一视同仁,无论是贵族老爷还是泥腿子,都是长矛和长戟下的亡魂。大胆查理一国君主之尊,却被劈开脑壳,亡命黄泉,这在整个西欧中世纪里都是扳着指头数得着的了。究其原因有两个:其一,瑞士人与奥地利和勃艮第的战争并非王朝争霸,而是求生存之战，敌强而己弱，若不痛下杀手，只怕下次反遭其害；其二，瑞士人并无骑兵，军队中除了少量的弩弓手和火枪手便都是步兵，击败敌军之后，没有骑兵就很难实施有力的追击，但如果让步兵解散阵型追击又怕为敌军逆袭，索性不留俘虏杀了省事。

武 器 与 盔 甲

瑞士步兵最有民族特色的武器莫过于瑞士长戟，这种武器虽然带了一个"戟"字，但和我国历史上的方天画戟、长戟、短戟完全是两种东西。究其外形与使用方式，倒是与我国宋朝时的利器——长柯斧是个近亲，其主要的攻击对象也差不多，瑞士人用来对付傲慢的重甲骑士，宋军拿来对付金军的铁浮屠，倒是另外一种翻译方法比较贴切——斧枪。简而述之，这种武器就是瑞士人常用的伐木斧加上长柄，头部增加一个刺杀用的尖刺，在斧刃的另外一边有时还有一个啄杀用的尖钉。因为15世纪的时候，重装骑士的米兰式板甲已经到了登峰造极的地步，除了少部分钝器外，对绝大部分冷兵器都几乎免疫。瑞士长戟既可以用斧刃砍断马腿，也可以用尖钉将敌人的骑士从马背上勾下来，失去了战马的骑士行动不便，很容易将其杀死。

另外瑞士人还有晨星棍与卢塞恩锤这两种富有瑞士民族特色的武器，所谓晨星棍就是一种短柄的狼牙棒；而卢塞恩锤是瑞士长戟的一个变种，其头部不是斧刃而是弯曲的尖叉，可以将敌人从马背上勾下来。不难看出，这三种武器针对的对象都是铁甲骑士。

但随着形势的发展，瑞士步兵最主要的武器由长戟变成了长矛，长戟变成了少数尖兵的武器。原因很简单，无论是瑞士长戟还是晨星棍、卢塞恩锤，都需要足够的空间才能发挥其威力，只有长矛能够让步兵最大限度地排成密集队形发起冲击。另外长戟作为一种长柄武器，其重心在武器的前端，刺杀起来容易失去平衡，也不能制作得太长，而且太大的重量也使得刺杀速度太慢，砍杀与啄击都需要较大的空间，容易为人所乘近身厮杀。因此长戟慢慢变成了方阵前面的散兵所使用的武器，其余部分为长矛所取代。瑞士步兵所使用的长枪可能是历史上最长的了，其标准长度为20英尺（大约为6米），枪头部有3英尺长（约为0.9米）长的金属套管，以防止被敌人砍断，后期方阵内也有使用单手剑的士兵用以应付突入方阵的敌兵。

战 术 与 组 织

瑞士步兵的最基本单位是大约为300人的连，其中250人为主战兵种，其余50人为远射兵种和精锐肉搏兵；早期的瑞士步兵主战兵种是戟兵，远程部队为弩兵，精锐肉搏部队则按照各自喜好、经济情况选择武器。14世纪后主战兵种为长枪兵，远程部队为弩兵和少量火枪兵，精锐肉搏部队全部是戟兵。由于早期瑞士步兵的主要战场是山地和山地间的小块平原，因此他们在进攻时并非使用方阵，而是采用一种类似于罗马军队战术的三线战术，每一线由一到两个连组成，士兵与士兵之间留有大约一米的空隙，以便让士兵使用武器和让后排的士兵通过。瑞士步兵的防御战术是很有特色的。一般来说，瑞士军队第一波进攻的对象是敌人投射部队（弓弩手、火枪手、火炮）与步兵，因为瑞士人普遍无甲，又呈密集队形作战，投射兵种对他们威胁最大，所以要首先解除对己方的最大威胁。

在击溃敌人的步兵与弓弩手后，往往敌军的指挥官会用骑兵向瑞士人的侧翼或者背后发起逆袭。如果是其他步兵往往战局会逆转，因为步兵方阵在打垮一波敌人后往往会出现队形散乱，士兵离开自己的位置去俘虏身上搜索战利品的现象，此时遭遇敌人骑兵的逆袭，很可能会一败涂地。但无论在什么情况下，方阵中的瑞士步兵都不许离开自己的位置，哪怕是当前敌军已经被击败，违反者一律要被在自己的同乡面前吊死。当发现敌人的骑兵出现时，其第一列的指挥官将用鼓声和旗帜发出信号，让本行列的士兵组成空心方阵。方阵的士兵将自己的长戟放平，阻止敌人的骑兵靠近，少量的弓弩手则躲到空心方阵内部。

由于当时西方的骑兵中骑射手的比重很低，短时间拿这种空心方阵没有什么办法。这时后面两列的指挥官则乘机发起进攻，从左右两翼夹击敌军。这种战术在和神圣罗马帝国的重甲骑兵的交战中屡次奏效，瑞士军不断胜利，迫使帝国军干脆让骑士下马组成方阵作战。显然，没有远程火力的支援，光凭重甲骑兵已经不可能打败有纪律、有坚定战斗意志的步兵了。

到了 13 世纪末期，奥地利人逐渐摸索出了新的战术。既然己方的步兵无法与瑞士人抗衡，那就让重甲骑士下马组成密集方阵，然后加强大量的弩手。这两者都针对瑞士步兵的弱点：缺乏盔甲抵御弓弩、使用长戟，一旦被使用双手大剑、战斧的敌人近身就施展不开。

为应对敌人的变化，瑞士人对自己的战术也做出了相应的改革：主力步兵使用长达 20 英尺的超长枪，组成密集的队形，方阵的前两排到三排士兵有胸甲和头盔，这样直射的弓弩对他们的威胁就降低许多了。而当方阵处于防御状态时，士兵们将长枪拄在地上，用力摇晃，据说可以将绝大部分抛射的敌方箭矢给打落。长戟兵与弩手混编组成散兵，在方阵前方。

在交战时，瑞士人通常会用弩手与长戟手组成的散兵发起试探性的进攻，而长矛手组成的主力一般则会以多路纵队的形式隐蔽在密林或者其他不易被敌军发现的地域，这种技巧十分有效。在许多战役中，敌人的将领经常因为没有发现瑞士人的主力部队，而对敌军的数量做出错误的估计。这些将领们犯错的原因很简单，因为在当时的技术条件下，成建制的步兵部队几乎不可能通过那些地域进入战场。当战役进入了关键时期，瑞士统帅发出号令，将长矛军队迅速完成集中并进入战场。通常情况下，方阵的数量是三个或者更多，各个方阵之间通过鼓声与旗号相互联络，当敌军用骑兵攻击某个方阵的时候，该方阵便立刻组成空心方阵，其余的方阵便会赶来救援。瑞士通过这种办法，解决了步兵方阵侧翼弱点。当击败了敌军之后，散兵担任追击的任务，方阵的士兵未经允许不得离开自己的岗位。

瑞士人虽然并非职业士兵，但通过从小的训练有非常高的军事素养,在战场上通过鼓旗可以让士兵做出非常统一的行动。下面是一部分基本的训练教范,在作战的时候,鼓手通过鼓声和旗号发出命令,指挥士兵。

持矛动作

右手持矛,将矛垂直立于与右脚趾平行的9英寸远处。左手叉腰,手指向外。

行军动作

右手持矛手指向外。矛身置于肩上,略微左倾。矛端离地18英尺,向后倾斜45度。

垂直提矛动作

右手提矛,左手于腋下处握住矛身,紧贴肩膀。右手换于矛身底端,托住长矛,左手上提至肩高。

端矛动作

从提矛动作开始,右脚平行向后约一脚距离。左手下放置胸部,作为支点。右手握矛端,右臂向身后约10度角倾斜,将矛身向前倾45度。

冲锋动作

从端矛动作开始,双手握矛位置不变,左手抬起12英寸左右,高于肩部。右手向上抬升,使矛身水平朝向正前方。当听到冲锋命令时,前三排从端矛转为冲锋,后排姿态不变,如前排倒下再转入冲锋补上。冲锋时前倾小跑,头向左倾,以免被后排长矛在刺杀时伤及。

防御动作

从持矛动作开始,左脚向前一大步,右脚外张,与左脚垂直。双手持矛,将矛端立于右脚脚窝。身体前倾,右手放开,左手握矛,将矛方于左膝处并用膝盖顶住,同时右手拔剑。

由于严明的纪律、城邦公民高昂的自我牺牲精神以及山地民族特有的坚忍不拔,从15世纪中期的勃艮第战争之后,瑞士人在整个欧洲赢得了巨大的军事声誉。但瑞士军队的缺点也是很明显的,由于财力的限制,瑞士军队中缺乏炮兵、骑兵和足够的火枪兵,面对坚固的堡垒时就会一筹莫展。假如说瑞士人在作为雇佣军的时候,还可以通过雇主的其他军队弥补这个缺点,但随着火器的逐渐进步,装备着短火枪的骑兵和火绳枪的步兵成了瑞士步兵的致命威胁。由于缺乏投射兵种,瑞士步兵遇到装备短火枪的骑兵便陷入了追不上、打不着、逃不掉的窘境。而火绳枪一旦和野战工事结合起来,即使瑞士步兵再怎么坚韧善战,也无法赢得胜利。当技术的进步使得投射火力的密度超过了长矛密度的时候,长矛只能退化成保护投射手的屏障了。

战例:穆尔滕之战

15世纪中期,瑞士人基本打败了奥地利人的入侵,将联邦的范围扩展到今天瑞士的全境。但好景不长,通过巧妙的联姻,历代勃艮第公爵已经将自己的领地发展为一个从瑞士直至北海的帝国。这个帝国由许多个位于德意志帝国与法国交接处的领地组成,核心是低地国,那里是西欧最为富饶的地区。因此勃艮第的末代公爵大胆查理有足够的财力建立一支拥有炮兵、骑兵、弓箭手、火枪手的非常"近代化"的合成军队。他雄心勃勃,想要凭借这支军队将勃艮第公国从法国彻底独立出去(勃艮第公国是法王的封臣),乃至建立一个大帝国。可以说,大胆查理就是当时力图统一法国的法王路易十一最危险的敌人。查理在与英王爱德华四世的妹妹联姻后,稳定了自己的后方,开始向北发展,竭力并吞阿尔萨斯与洛林,将其与自己的其他领地合并起来,这两块领地是法国东大门的两个门户。

大胆查理的行为不但构成了对法王的威胁,而且也构成了对瑞士人的威胁(阿尔萨斯与瑞士伯尔尼州接壤)。共同的敌人使得法国人与瑞士人之间出现了联盟的可能。作为法国国王,路易十一有着"万能的蜘蛛"绰号,当然事实证明这个不那么雅致的外号绝对恰如其分。面对自己最危险的敌人,路易十一并没有选择与其开战,而是用金钱资助自己敌人的敌人,自己坐观其变。在路易十一的资助和煽动下,瑞士人加入了反勃艮第同盟。

1476年2月,大胆查理的大军包围并攻下了格拉松,此地控制着阿尔萨斯通往伯尔尼的要道。瑞士人立即出兵支援,并在3月2日打败了大胆查理的军队,但由于瑞士人没有骑兵,所以勃艮第军队在人员上的伤亡微乎其微,但几乎所有的大炮都丢掉了。

此战后,大胆查理重新整编了自己的军队,并做出了两个调整:1. 采用了新的炮架,使得大炮可以很快升降,还减轻了重量;2. 从自己的盟友爱德华四世那里招募了2 000长弓手,准备用来对付瑞士的密集队形。

当年5月,大胆查理率领一支包括5 000骑兵、4 000弓箭手、12 000步兵、20门大炮的军队进攻伯尔尼,准备报一箭之仇。

战争伊始,勃艮第军队包围了伯尔尼以北的重镇穆尔滕。由于新的炮架无法承担太重的火炮,勃艮第军无力摧毁穆尔滕的城墙,只得采用包围的办法。这使得瑞士人得到了援军——洛林公爵的援兵,其中包括1 800名重骑兵。6月19日,一共26 000名援兵抵达穆尔滕。

大胆查理可以说是欧洲近代军事革新的鼻祖,虽然他不是一个优秀的指挥官,但是他对于军事技术发展的方向颇有远见(也许是太有远见了),而且他所统治的低地地区也是当时西欧最富裕、技术人才最密集的地区,使得他有足够的财力来实践他的设想。大胆查理组建了一支由领地里小领主组成的骑士团,然后以这些骑士为核心,将各地雇佣军按照不同的兵种分配到每一个骑士下面作为随从。表面上看勃艮第军队还是依旧由封建扈从组成的,但实际上这些都是从公爵手里领工资的雇佣兵,那些骑士实际上担任了军官和骨干的作用。而且大胆查理还给他的军队配置了大量的投射兵器:火枪、弩弓、长弓等。他的长矛队担负的主要工作其实是保护火炮与投射兵种,披甲骑士担任主要的打击力量。

大胆查理预见到了援兵的到来,他占据了非常有利的阵地。穆尔滕堡垒西面近邻穆尔滕湖;北面是一片森林;东北有一座小山;东面是一片灌木林,再往外就是农田;东南面是一座有着稀疏森林的小山;南面是一块平地。一条连接弗兰斯孔泰与伯尔尼的道路从南面的平地穿过穆尔滕城,再转向东面穿过树林延伸出去。考虑到在上次战役中瑞士人表现出的强悍冲击力,查理并没有将炮兵与弓箭手阵地布置在平地上,而是决定将自己的火炮与弓箭手布置在高处,以发挥自己的火力优势。所以他从近邻穆尔滕湖的北面那片森林开始挖设壕沟,延伸到东北的小山在灌木林转向南方到达东南方的小山。查理把意大利弩弓手部署在东北面的小山上,自己则和野战炮与长弓手都坐镇东南方的小山,而步兵则布置在两座小山间灌木丛。这样一来,他阵地的正面受到壕沟的保护,容易被攻击的北侧是难以通行的森林,那条具有重要意义的道路也在火力的控制之下,两座小山的火力可以相互掩护,形成致命的夹射。

但是大胆查理还是犯了两个错误:首先他没有弄清楚瑞士人已经与洛林公爵会师,不但占据兵力优势而且还有 1 800 名重骑兵,将兵力分散在两个山头的更放大了兵力的不足;其次大胆查理低估了瑞士步兵的穿越障碍地形的能力,他以为北面的森林对于大军来说是不可通过的,未加提防,结果这导致了整个战役的失败。

作为本土作战的瑞士人,他们得到了详尽的情报,决定歼灭勃艮第军队。6 月 21 日夜里,大雨。瑞士人连夜行动,分路前进,伯尔尼与施维茨军团 5 000 人攻击东北面的小山,牵制山头的弓箭手;卢塞恩、巴塞尔等四个军团共 7 000 人攻击灌木丛;主力苏黎世等军团 12 000 人与洛林公爵的骑兵越过森林迂回至东南方向的小山,攻击大胆查理的主力并切断敌人逃回的路线。

由于大雨的原因,大胆查理的前哨部队都撤回营房躲雨了,因此直到次日凌晨才发现了瑞士人的动向。幸运的是大雨此时停了,勃艮第军炮火与箭矢齐发,瑞士军顿时死伤惨重,光是伯尔尼军团一下子就死伤 500 人。但瑞士人继续前进。此时太阳出来了,东北面山头的弓弩手正好面朝太阳,在强烈的阳光下睁不开眼睛,火力顿时大减。施维茨军团乘机发起猛攻,排成密集队形的瑞士士兵放平长矛,在阳光的照射下犹如钢铁的森林。东北面小山的勃艮第军队与意大利雇佣兵队形大乱,大胆查理见状只得派出骑兵去支援。当战事进行到中午时,迂回的瑞士军队主力赶到,瑞士人没有依照惯例用散兵发起试探性进攻,而是直接用长矛步兵发起冲锋。面对瑞士步兵的长矛,山头下勃艮第步兵一触即溃，而此时大胆查理已经没有预备队了。此时勃艮第全线崩溃，被驱赶到穆尔滕湖边，城内的守军也开城出击，接着瑞士军队右转，打击到了还在抵抗的勃艮第的左翼。当天日落时，战场上躺着12 000具勃艮第军队的尸体，瑞士人没有留一个俘虏。经此一战，大胆查理元气大伤，第二年他再次败给瑞士与洛林的联军，本人命殒战场，勃艮第公国也为法国与奥地利瓜分。

西班牙

1476年冬天，法国南锡郊外的一处谷地外尸横遍野，狼和渡鸦穿行其间享受着冬日里难得的美餐。数日前，瑞士与洛林联军大败勃艮第军队，这是短短的一年时间里，瑞士人第三次击败勃艮第军队。与前两次不同的是，这次勃艮第公爵大胆查理本人也丧命于此，当他的尸体几天后被南锡人从冰冷的湖水里打捞出来时，已经几乎无法辨认了——野狼几乎把他的脑袋啃掉了一半，在此之前一把瑞士长戟给他开了瓢。更加糟糕的是，这位44岁的公爵只有一个独生女，没有合适的男性继承人。他的女儿玛丽不得不提前嫁给了哈布斯堡的马克西米利安——未来的神圣罗马帝国皇帝、德意志国王、奥地利大公，来保住自己的领地不被法国国王路易十一所攫取。

一直隐藏在幕后的法王路易十一显然是这场游戏的最大赢家，虽然马克西米利安与玛丽的婚姻阻止了他将勃艮第全部领地并入王室领地的野心，但查理的死也搬开了他统一法兰西最大的一块绊脚石，作为神圣罗马帝国皇帝的儿子，马克西米利安有太多敌人需要应付了；而且查理的死还意味着瑞士联邦的威胁已经解除，贫瘠的瑞士人是无力在和平时期维持这样一支大军的，在反勃艮第战争中结下的联盟关系让法王可以第一个雇佣到这些经验丰富的老兵，瑞士人的长矛将在蓝底金百合的旗帜下战斗，这一切只需要付出一笔钱。当法王查理八世（路易十一之子）与布列塔尼的安妮联姻后，法王已经控制了整个王国。在国内资产阶级的财政支持下，法国军队包括装备精良的瑞士、法国骑兵以及新式的，装备在四轮马车上可以做良好机动的炮兵，这些士兵都可以按时领到足额的薪饷。可以说查理八世是当时欧洲最强大的君主,他雄心勃勃地想要实现自己儿时的梦想——进攻土耳其,夺回圣地,而第一步就是入侵意大利征服那不勒斯——那里是前往圣地最重要的港口。

在争夺意大利控制权上,西班牙人是查理八世最坚决的敌人,阿拉贡家族与安茹家族争夺南意大利的斗争已经持续 300 年了。在"西西里晚祷事件"之后,西西里王国便在阿拉贡王室的统治之下,而法国国王作为法国王室的代表,早已得到了安茹家族的遗嘱执行权,一旦查理八世解决国内问题,战争的爆发只不过是时间的问题。

相对于已经初步建立集中王权的法兰西,刚刚拿下格林纳达的西班牙王国实际上不过是几个独立王国的联合体——卡斯蒂利亚、加泰罗尼亚、阿拉贡、瓦伦西亚等国,都有独立的政府、议会,只不过恰巧国王是一个人而已,王权远不如法国强大,而且两百多年的"收复失地运动"和贫瘠的土地也使得财力匮乏。但常年的战争也使得西班牙拥有了一支相当不错的军队,由于贫穷,西班牙的贵族并没有其他国家贵族那种对于步兵的偏见,他们愿意在步兵中服役。而且在漫长的"收复失地运动"中,绝大部分战斗是围城、突袭、劫掠,而少有正规的会战。因此西班牙军队中少有西欧那种持枪重骑兵,而更多的是步兵,还有轻骑兵。在这些战斗中,西班牙人学会了如何利用地形修筑野战工事,如何发挥投射兵种的火力,如何将野战工事和轻骑兵结合起来封锁敌人的补给线,将敌人逼入要么饿死,要么向己方坚固工事进攻的窘境。如果说瑞士人是一支直插敌人胸膛的长矛,而西班牙人则是一根慢慢收紧的绞索,虽然看上去不那么危险,但同样致命。

1494 年 8 月,查理八世率领 3.5 万法军越过阿尔卑斯山,其中包括 6 000 瑞士雇佣军,1 600 精锐骑兵,以及当时欧洲最先进的 136 门火炮。由于当时意大利处于四分五裂的政治格局,各个势力之间相互仇视,都希望从其他人的灾难中获益。所以无论是佛罗伦萨还是威尼斯、教皇国等国都听任法军通过自己的领土,不加阻止。尤其是佛罗伦萨,干脆向法军屈膝投降,他们承认法王是佛罗伦萨的保护人,并给予财政捐助,交出要塞。因此法军进展迅速,到1495年2月便已经占领了那不勒斯,法军炮兵在围城战中发挥了重要的作用。

老谋深算的阿拉贡国王费迪南德二世并没有直接参战,虽然阻止法军分遣队从海上占领热那亚的计划由于法军的迅速行动失败了,但他预料到法军不可能长时间维持住对那不勒斯的统治,这反倒是一个吞并其的最好机会,因为法军的入侵必然会打破原有的政治平衡格局。于是费迪南德二世派出名将贡萨洛·德·科尔多瓦率领的一支军队来到与那不勒斯隔海相望的西西里岛,等待时机。同时费迪南德二世通过外交手段联络教宗、神圣罗马帝国皇帝、威尼斯、米兰等国,组成反法国的"威尼斯同盟"。

贡萨洛·德·科尔多瓦可以说是当时欧洲最伟大的统帅,可能也是人类历史上最伟大的军事改革家之一。正是他从意大利的作战经验中总结出了西班牙方阵即团营的编组方式,奠定了西班牙帝国的基础。此后100多年里(直到30年战争),欧洲各国基本都在学习西班牙的陆军制度,可以说他和拿骚的莫里斯是近代陆军的鼻祖。

经过勃艮第战争,欧洲各国惊讶地发现:一支训练有素、士气旺盛的持长矛步兵,可以轻而易举地抵挡住重骑兵的冲击,即使重骑兵攻击步兵传统的软肋——侧翼和背后,只要步兵采用正确的编组方式,相互配合,也完全可以应付。而重骑兵的攻击是没有持续性的,只要不能打败步兵,就会被步兵所击败。由于冶金技术与水力锻床的出现,制造板甲的成本急剧降低,所谓"米兰式"盔甲大行其道,即使是普通的步兵,也有可能装备胸甲、头盔、臂甲。这种一体锻造的盔甲防御性能相对于过去的锁子甲、札甲、鳞甲有了突飞猛进的提高。可以说除非是被射中没有盔甲遮掩的部位,一个穿上板甲的步兵对长弓、强弩,基本上是免疫的,因此传统的投射兵种对步兵的威胁也减弱了。火炮虽然可以击穿板甲,但当时的炮火射速太慢,瞄准技术也太差,而且炮弹也只有实心弹一种,野战时候最多能射击一次到两次而已,步兵完全可以承受这种程度的伤亡。难道瑞士人就是无敌的?

这种观点在接下来的交战中得到了支持。由于法军在占领了那不勒斯后的大肆掠夺和倒行逆施,当地无论是安茹派还是阿拉贡派的贵族都对其十分不满,加之威尼斯联盟的达成,米兰与威尼斯切断了从那不勒斯通往法国的水陆交通线。法王不得不率领大约1.2万名士兵(包括4 000瑞士佣兵)返回国内,被威尼斯同盟军在帕尔玛附近的小镇福尔诺沃截住,展开会战。联军有两万人,在火炮上还占有优势(法军的炮兵已经被全部遗弃了),因此联军采用了重骑兵与步兵正面渡河,轻骑兵从两翼迂回一举歼灭的战术。可战斗并没有按照联军预想的那样进行,潮湿的天气让绝大部分火器成了摆设,查理八世在将金银财宝遗弃在两翼后,便带领骑兵逃走了,留下瑞士佣兵断后。而瑞士佣兵在发现了自己被遗弃后,也退出了战斗。联军的两翼骑兵忙于争夺财物,中央的步兵由于死伤甚多,无力追击。战后统计,法军的伤亡只有联军的一半,绝大部分伤亡是在中央战线,在那里瑞士人杀死了不少落马的意大利重骑兵。显然,联军多兵种的协调作战失败了。

几乎是同时,贡萨洛·德·科尔多瓦率领的西班牙远征军由100名重骑兵、500名以标枪为武器的轻骑兵和1 500名步兵组成。在1 500名步兵中,只有少量的火绳枪兵和十字弓弩兵,主要的则是手持剑和盾牌的步兵。他在意大利靴形半岛的脚趾部登陆,主要任务是从留守的法军手中夺回那不勒斯王国。在第一次会战中,法军重骑兵冲散了贡萨洛手持标枪的轻骑兵和一些持剑步兵,法军中的瑞士长矛兵则冲击其余的西班牙持剑步兵和持标枪轻骑兵,法国人赢得了胜利。

受到挫折的贡萨洛改变了战术,他竭力避免会战,而派他的轻骑兵去袭击敌人的护送队和粮草征收人员,用野战工事保护自己的士兵。而他的补给则尽可能由西班牙强大海军的支援下又得到了当地民众的支持,这种费边式的战略慢慢取得了效果。随着粮仓渐渐见底,1498年法军不得不离开那不勒斯。在这个过程中,贡萨洛认真研究了敌人的作战方式,他认识到只有将滑膛枪手、主要由胸墙与壕沟组成的野战工事、长矛手、轻骑兵结合起来,才能克服法军在骑兵与步兵方面的优势。

通常情况下,贡萨洛会将自己营地布置在背靠大海的地域,因为这样他可以从舰队获得补给,然后在营地前挖掘壕沟,挖出来的土堆在壕沟的内侧,高度大约到人的胸部。这么做有两个好处:1. 可以阻止敌军的骑兵或者步兵直接冲进营地;2. 可以遮挡敌人的视线,平时火绳枪手与其他步兵都是躲在胸墙后面的,敌人的炮兵与投射兵种只能用曲射来杀伤步兵。同时,他将自己的轻骑兵派出去袭击敌人的运粮队,因为西班牙的轻骑兵通常是北非摩尔或者西班牙马,虽然无法承载身披重甲的骑士,但耐力和速度却比法国骑兵的马要强,因此他不用担心被法国骑兵追上。很快敌军就陷入了饥荒之中,其将领不得不将自己的军队分成小股去四处寻找补给品。此时贡萨洛发起了进攻,占领了敌人的营地,然后他修筑了新的工事,迫使敌人打了一场无望的进攻战。

贡萨洛的战术是建立在两种武器上的:长矛、一种名叫"musket"的滑膛枪。Musket 一词源自意大利语中的 moschetto,即"雀鹰",取其凶猛迅捷之意。早在 14 世纪欧洲就已经出现了某种类型的手持金属管型火器了,在随后的两百年时间里,其武器取得了缓慢的发展,有了半机械式的点火装置,有了枪托、照门,可以进行瞄准,但早期的火绳枪威力有限,很难对身着板甲的士兵有足够的威胁。

但在 15 世纪的后半叶,"musket"式滑膛枪出现了,枪口径 23 毫米、质量 10~11 千克,全弹质量 50 克,最大射程 250 米,有效射程 100 米,采用机械式瞄准具,每分钟可发射 2 发。虽然枪很笨重,大多时候只能用叉形座来支撑发射,但射出的铅制弹丸威力极大,能在 100 米内击穿骑士所穿的重型胸甲,而当时大多数武器在 80 米以外几乎不能造成任何伤害。这种武器的优点和缺点都很明显,笨拙、射速慢决定了它在野战情况下十分脆弱,但足够的威力和不错的精度又使得在聪明的指挥官手中是非常可怕的武器。因此在西班牙的军队里,长矛不再是发起进攻的武器,而是保护火绳枪射手的屏障,将领的所有战术目的只有一个——那就是将自己的火器部队用工事和长矛手保护好,然后迫使敌人向其发起进攻。如何将野战工事、滑膛枪、长矛三要素和谐结合起来,就要看将领的本事了。

战 术 与 组 织

1504年,贡萨洛在南意大利赢得了自己最后一次胜利,虽然意大利战争并没有结束,但考虑到政治因素,费迪南德二世将其召回国内。贡萨洛回到家乡,定居于格林纳达,他潜心于改革军队,将西班牙军队改组为20个纵队(或者称其为营),每个纵队有1 000余人,包括长矛手、长戟手、剑盾兵,弓弩手、滑膛枪手。这便是西班牙方阵的最初雏形,也是近代西欧第一种正规的战术编队。每个纵队由五个连组成,通常情况下每个连大约只有160人。在交战的时候,会有一到两个骑兵连协同作战。方阵中火绳枪兵只占有百分之六至百分之八,长矛兵大约占一半,剩下的则是长戟兵与剑盾兵。

在交战时,每个连组成一个战术单位,头戴壶型头盔、身穿板状胸甲,手持4米长矛的长矛手排成正方形的方阵。火绳枪兵的站位说法不一,有说是在方阵前十米左右排成5~6排,也有说是在各个小方阵之间,还有说是在方阵前排成2~3排,应该是根据不同的情况。剑盾兵与长戟兵则在方阵两翼。不过通常来说,西班牙指挥官更喜欢利用野战工事来加强己方的阵地,迫使敌人打一场进攻战。野战工事的主要组成部分是胸墙和壕沟,胸墙往往是用装满泥土的柳条筐堆积而成。这不但可以阻隔敌人冲击和箭矢子弹,而且即使被敌人的火炮击中,不会有大量的碎片溅起伤人,也很容易重新修补。野战工事通常都不会是平直的,会有不少曲折的地段,因为这样可以迫使敌军进入夹射和侧射的地区,而且敌人的炮兵占领了侧面,也不会出现一发炮弹横扫一个横列造成巨大杀伤的惨剧。

战斗通常是以火绳枪手的射击打响的,火绳枪兵使用的战术是西班牙独创的后退装弹战术,前排士兵实施齐射后穿过每列之间的缝隙退至最后一排装弹,当最后一排射手退至列尾后正好是近战兵种填补至第一排与逼近的敌军交战。当长矛兵与敌人接触的时候,剑盾兵与长戟兵则从两翼迂回敌人的方阵,用盾牌将敌人的长矛向上推,靠近敌人用长剑攻击敌人，冲进方阵内部，打乱其配置。一般来说，剑盾兵都是受过严格训练的老兵，他们身穿防御紧密的全身板甲，手持托雷多细刃钢剑和小圆盾。托雷多细刃钢剑的外形与现代击剑运动的刺剑颇为相似，坚韧非常，最主要的攻击动作是突刺（板甲的出现使得其他攻击无效化），当然也可以劈砍。由于剑盾兵的良好作战效果，很快长戟兵就被淘汰了（弩手也被火绳枪手所淘汰）。

  在接下来的 20 年里，西班牙人通过战场上的经验对纵队编制进行改革，将其标准化，剑盾兵也从行列中消失了，改为让长矛兵或者火绳枪手必要时拔剑迎战。方阵只剩下两个兵种，长矛兵与火绳枪手。其主要原因如下：当时欧洲已经出现了一些装备小型火器的骑兵部队，其中最著名的就是使用转轮火枪的轻骑兵，这种轻骑兵一般身上携带几把转轮火枪，骑马靠近方阵，然后用射击撤离返回装弹。面对这种敌人，剑盾兵追不上也无法防御，只有被动挨打，还不如换成多一些装备"musket"式滑膛枪的火绳枪手，增强方阵的火力。

  改进后的西班牙方阵由火绳枪手与长矛手组成，两者的比例经过了几次变动，总的趋势是火绳枪手不断增加。这种比例关系是经过严密计算而得来的，通常情况下一个方阵外面四列长矛手是有盔甲的，里面八列长矛手是没有盔甲的（这些士兵一般都是新兵，薪水便宜得多）。而火绳枪手则一部分在前面作为散兵，再在阵形两侧部署一些火绳枪兵，形成一个由四列火绳枪兵组成的长长的松散纵队，每列有 12 名火绳枪兵。在战斗中，两侧的四列火绳枪兵的前几排首先开始射击，尔后退回到后面装弹，下一排前进接着射击。这种技术叫反方向运动射击技术。军队在采用这种技术时，火绳枪兵可以保持虽然是有限的，但却是不间断的火力，打击射程内的任何目标。如果敌人的骑兵包围了方阵，射手将退至方阵的四角，形成四个小方阵以接受长矛兵的保护。随着火器射速性能的提高，他们对长矛兵的依赖自然也越来越小，方阵中长矛兵的比例也越来越低，到了 17 世纪中叶，方阵中长矛兵的比例已经下降到了百分之二十五，其余都是火枪兵。

  到了 16 世纪下半叶，西班牙军队已经形成了比较稳定的编制形势，一个方阵（即团）包括 10 个 300 人的连队，其中有 5 个长矛连队与 5 个火绳枪连队。连队中包括永久编制人员（即"staff"，可翻译为军官团）和临时募集人员。这些军官团可以从国王那里获得薪水，他们负责平时的行政事务以及训练和智慧临时募集人员作战。一个方阵有以下军官：

方阵长（Maestro de Campo）：他统帅步兵方阵并拥有 8 人规格的私人护卫。方阵长也是第一连队的队长。通常步兵方阵会以他为名，如门多萨、祖尼加、维拉斯科。

军士长［The major sergeant（El sargento mayor）］：步兵方阵的第二级指挥官。他负责步兵方阵战术上的组织并担任第二连队的队长。

军需官［The paymaster（Fiscal militare）］：负责步兵方阵的财务工作，有 3 个助手。

宪兵长［Chief of the military police（barrachel de campana）］：负责维持军纪，有 6 名助手。

首席随军教士（Chief Chaplain）：手下有两名普通随军教士。

首席监督官［Chief Clerk（furiel mayor）］：负责监督（原文 In charge of the intendancy）。

首席医师［Chief Surgeon（cirujano mayor）］：负责医疗事务。

首席鼓手［Chief Drummer（tambor mayor）］：掌管步兵方阵中的所有乐师并负责传递军令。

方阵一级的军官编制共有 29 人。

连一级的军官：1 个队长及其随从、1 个旗手、3 个乐师、1 个文书、1 个随军教士和 1 个理发师（也担任简单的医生），总计 11 人。

在和平时期方阵只有军官团存在，士兵只有在战时才临时募集以节约花费，因为当时欧洲冬天经常停止交战，所以甚至会有将士兵冬天遣散以节约开支的做法。为了防止士兵不回来报到，西班牙军队经常拖欠一部分军饷（当然也有可能是因为没钱），所以军队的纪律不敢恭维，抢掠烧杀之事司空见惯。

一般来说，一个长矛兵的薪水不会超过 3 个葡萄牙埃斯库多每月，而一个熟练的火绳枪手则可以挣到 4 个葡萄牙埃斯库多每月。参考当时的物价水平，一匹西班牙军马，黑色无杂毛，六岁口，无疾病和受伤历史，价值 50 个葡萄牙埃斯库多；而 16 世纪上半叶一夸特小麦（12.7 千克）大概为 1 葡萄牙埃斯库多。从这个价格来看，一个长矛兵要拿出一半以上的薪水才能填饱肚皮（当然他不太可能吃小麦面包），如果他不吃不喝，想要买一匹军马，大概要一年半的薪水。这个收入水平大概和一个城市雇工差不多，只有无处谋生的社会底层才会选择当雇佣兵（更大的可能性是强制征兵）。

在交战时，长矛兵排成密集的三个横队，每个横队正面为 50 至 60 人，纵深为 20 列。在四个边角上是排成密集方队的火绳枪士兵。这种坚固的密集队形其宽度约为 150 米，纵深 100 米。在方阵的四边外侧各排列着一列火绳枪士兵，还派出一独立的分遣队从事小规模出击。读者们可以将这种方阵想象成有一定机动性能的堡垒，长矛步兵就是墙壁，而火绳枪手就是驻守堡垒的士兵，只要堡垒还能存在，敌人的骑兵就拿他们没有什么办法。但既然是堡垒，想要像瑞士人那样的高度机动和迅猛冲锋就不太可能了。所以战斗状态下的西班牙方阵机动性很一般，其指挥官往往通过巧妙的机动，通过行军切断敌军与后勤基地的联系，迫使敌军仓促地向己方发起进攻，只要他能够击退敌人的进攻，胜利就八九不离十了。

比 卡 特 会 战

1522 年 4 月，法军包围了位于意大利北部伦巴第地区的重要城市帕维亚，该地接近波河的重要支流提契诺河与波河的交汇处，距离米兰只有 36 公里，战略位置十分重要。西班牙军队向城市增援，他们的指挥官帕劳斯帕·科隆纳领军在离城不到十英里的一个名叫比克卡（Bicocca）的地方，让自己军队掘壕据守。法军的指挥官劳特克打算切断科隆纳的后方补给线，以迫使他离开阵地，在其机动过程中再攻击之。可是法军中的瑞士雇佣军已经被拖欠了军饷，于是他们提出要求要么立即发起进攻,要么他们就离开这里。因此,他们想从会战中得到自认为肯定属于自己的战利品。劳特克无奈只得接受了瑞士人的要求。

在西班牙人的营地外有一条道路,由于常年车辆与行人的压碾,路面已经低于地面,形成了一条天然的壕沟。西班牙人在道路的一侧修建了一道胸墙,在道路上修筑了突出的炮垒,这样火炮就可以对进攻胸墙的敌军形成侧射。在胸墙的后面则是四列火绳枪兵,再后面是德国雇佣长矛兵,另外还有 6 000 意大利人。

法国的进攻队形由瑞士人担任正面主力,组成两个方阵,各 100 人宽,75 列纵深。黑带雇佣兵连队(主要由轻步兵和骑兵组成)负责保护瑞士人的右翼,维考特·德·劳特克本人指挥骑兵及部分意大利人处左翼试图进攻和包抄对方右防线,大部分意大利人则作为后备。14 门大炮预计将用于首轮齐射以掩护进攻。

但出人意料的是,瑞士人太过于自信以至于友军还没有抵达便独自发起进攻(也有可能是为了争夺战利品),而防守者试验使用了一种新战术,即令 4 排火枪手以胸墙为掩护依次射击,结束者退回最后列装填由后排顶替位置,周而复始。瑞士人首先受到对方的一轮炮火攻击,随后即为西班牙人的连续射击,在到达对手之前,他们已付出了 1 200 人的惨重代价,但仍保持着士气。当他们成功抵达对手面前并开始攻击后,西班牙人开始后退,并由德国雇佣兵接替了位置向翻过胸墙的瑞士人发动反击。在双方的激烈搏斗中,瑞士人被击败而不得不退回墙另一侧,追击射击的西班牙人则在过程中又消灭了对方近 3 000 人,包括 22 位军官(其中也包括和他们站在一起参加进攻的法国贵族)。

此时法国人的其他部队才赶到,劳特克指挥骑兵向对手冲锋,但是德国雇佣兵成功地守住了阵地直到其他友军赶到并同样将法军击溃,法军损失了 4 200 人以上,所有的火炮皆被缴获。尤其是瑞士人,他们以往战无不胜的威名被打破,许多最勇敢的士兵和军官都战死,从此走上了下坡路。而西班牙火绳枪手与长矛兵成了雇主们的新宠。长矛队的密集冲锋不复出现,取而代之的是小股长矛队,用于保护己方的射手占据有利的阵地。

宋

略　　谈

与古希腊人相同，华夏民族在独立发展出步兵战术之前，军队的核心也是主要由贵族组成的战车部队，而其他兵种是以战车为核心混编而成。因此在春秋时期，评价一个国家军事实力的标准便是有多少辆战车，因此"万乘之君"也就成了当时大国君主的代名词。一般来说，一乘战车包括25～75名从卒，在军事行动时步兵围绕着战车行动，担负着从后勤到协同战车作战的任务。这种军事组织也反映了当时贵族——平民二元封建的社会结构，贵族在战车之上，率领着自己的附庸仆从冲杀；而从卒则跟随保护着自己的主人，这种主从之间的羁縻是战车部队威力的真正所在。

在西周以及春秋时期，从军是贵族以及国人的特权，对于绝大多数居住在距离城郭较远的"野人"来说，他们只有纳粮服劳役的责任。出现国野二元化的原因很简单，周灭商以后，将自己的亲族和功臣分封在关东各地，而被分封的区域都是有原住民的。这些诸侯抵达自己的封地后，第一件事情就是修筑城池对这些原住民开战，他们的扈从自然聚居在城池内或者周边，因此便有"国人"的称号，而那些被征服的原住民因为居住地点在城池之外，便被称为"野人"。显然国人的地位要高于野人，拥有这样或者那样的特权，可以将他们看成较低等的"贵族"，因此，这个时期诸侯国之间的战争也呈现出一种"贵族范儿"。

交战时，两军在适宜战车运动的平原上各自摆开数列横队，随着鼓声旗帜的指挥相互对冲，谁能冲垮敌方阵型便赢得胜利，胜利的一方也不会进行追击。不难看出，这是一种颇为"仪式化"的战争，交战的双方只是要求对方的臣服或者争夺某些利益，而并非要消灭敌人。原因很简单，当时各国都是周天子的封臣，从祖宗上看多半都是亲戚，各国国内都有大片的空地可供开垦，而国内都有心怀不满的野人随时可能叛乱，那么通过"礼仪化"和"程序化"使得战争的烈度保持在一定范围内就是很必要的了。

直到春秋晚期，晋国卿大夫魏舒作为副将率军与山戎无终部落交战，这种仪式化的战争形式才得以改变。由于山戎的军队主要由轻装步兵组成，而且身为蛮族的无终部落也无需遵守那种"战争的礼仪"，采用了伏击、夜袭等各种贵族们"不屑"的战术，而战场地形险阻狭长，晋国传统的战车部队无法展开，更不要说追击了，因此处于被动挨打的局面。魏舒便建议战车上的甲士皆下车，左手持盾右手持兵，相互掩护。以五人为伍，前方为二伍，左边三伍、右边一伍，后面五伍，组成一个松散的空心方阵，然后从随行的步卒中挑选轻捷机警之人组成机动部队，居于空心方阵之中。交战时，山戎见敌人军中没有常见的战车，且看上去前阵人少便蜂拥而上，却不想与前军交战时，便被强大的预备队与位于空心方阵中央的轻装部队包围，死伤惨重，晋军大胜。这便是著名的"毁车为行"，开创了华夏民族军事力量以战车为主向步兵为主转化的先河。

进入战国时期后，各国军队中步兵的地位不断提升，逐渐取代战车成了军队的主体，加上骑兵的出现，在军队中出现了步兵、骑兵、车兵并立的局面。除了弓弩威力的增大、战场日益复杂这些不利于战车的原因以外，战车部队衰落最根本的原因则是在华夏大地上原有的贵族——平民二元封建结构被破坏（原有的国人、野人之间隔阂被打碎，封君的权力被削弱，集权君主强大），封建诸侯转变为中央集权的君主国家，战车与随从的步卒之间的主从关系不复存在，自然战车的威力也就大减了，战车也就下降为军中的一个普通兵种。

对于步兵与车骑的优劣，《史记》中有一句话说得很好："步兵利险阻，车骑利平旷。"在冷兵器时代，两者构成了华夏民族军队的主体。虽然在中国古代绝大部分军队中,步兵的数量都远远超过骑兵,但在相当长的一个时期,步兵在军队中都属于从属地位。原因很简单,古代华夏民族活动的核心区是以河洛为中心的黄河中下游与淮河流域,即中原地区。这块包括今天河南省、陕西东部、河北南部、山西南部、山东西部、江苏西北部、安徽北部等地的广大地域虽然也分布着一些山脉河流,但从总体来看土地平旷、四季分明,春夏雨水多而秋冬雨水少,多平地而少山林,虽然有一些大河分隔,但到了秋冬季节,北方的河流要么封冻,要么流量大减,利于徒涉,庄稼收割,土地坚实,十分适宜骑兵的行动。每当秋高马肥之时,越过燕山山脉的骑兵便可直冲到淮河北岸;东西方向从太行山东麓可直到大海之滨。相比起古代欧洲国家,古代华夏国家的战场要辽阔得多,又没有地中海这个内海作为水路。在这种战场环境下,骑兵所拥有的强大机动性是步兵无法比拟的。因此,在北宋以前,除了少数位于南方没有资源建立骑兵部队的割据政权,无论是北方游牧民族建立起来的政权,还是由汉民族建立起来的华夏政权,都竭力建立起一支强大的骑兵作为军中的精锐。

而到了北宋,情况发生了变化。由于历史的原因,北宋开国时期,位于今天河北北部与山西北部的部分州县为辽国所占据,史上称之为燕云十六州。这块主要位于燕山山脉南北两麓的土地不但是华北平原与漠南草原的天然分野,还是农业经济与牧业经济的过渡带,无论是自己驯养还是通过与游牧民族的贸易获取战马,燕云十六州都是非常适宜的,而现在却已经落入人手;更加糟糕的是,公元1002年,西夏李继迁率军攻陷宋的西北重镇灵州,不久后又攻陷凉州,截断了西域与北宋的通道,又一条传统上的马匹来源也被截断了。而五代以后北宋的经济繁荣使得在其境内养马成本变得极其高昂,一匹成年马就需要至少20亩土地提供饲料,而这已经是一个中等农户的资产了,即使是山地丘陵也可以用于种植茶叶与桑、漆等经济作物。因此,贯穿整个两宋,军中一直都为缺马而痛苦。

由于宋王朝一直没有统一华夏自然疆域,又两次为北方蛮族建立的政权所征服,所以在绝大多数读者的脑海里留下了一个军事上软弱无力的印象。其实这完全是一种错觉,宋王朝的军事力量在我国历史上诸个统一王朝中至少可以位列中游。之所以会有这种印象，是因为宋代时候的辽、西夏、金、蒙古，与汉唐时的匈奴、突厥、鲜卑等有着本质的区别，在社会和国家组织上有了大跨步的进步，中原政权对其的优势大大减小了。

通常情况下，古代中原王朝面对北方游牧民族的军事威胁，主动出塞打击都不是第一选择。其原因主要有二：1. 成本太高。蒙古高原的中央地带处于亚洲大陆的腹地，气候极为干旱成为荒漠戈壁，而南北两面相对湿润，西面因为从天山山脉等地的融雪环境也要好得多，因此被中央的荒漠戈壁分隔为漠南、漠北、漠西三块，游牧民族以畜群为经济基础，追逐水草为生，没有固定的城郭农田需要据守。如果中原军队大举出击，他们完全可以将畜群迁徙到漠北或者漠西避其锋芒，中原军队则必须越过大漠攻击敌人，所有的补给几乎都必须从后方运输而来，而草原地区又少有可供水运的河流。由于古代的技术条件限制，通过陆路运送大宗货物的效率极低，为了维持大军远征，必须征发大批农夫和牲畜，其损耗和对农业生产的破坏都十分惊人，甚至会直接导致王朝的覆灭。2. 效果一般。由于气候原因，游牧民族活动的区域通常降雨量在年均400毫米以下，除了极少数河流湖泊附近以及地下水充裕的地区，其他地区都很难进行定居农业。在古代社会，没有发达的农业就没有足够的剩余产品，中原王朝根本就无法设置官僚机构对其直接治理。即使设置军队戍守，也必须从后方运输大批补给，国力稍一衰退就必须收缩，所以有"得其地不足以耕，得其民不足以使"的说法。代价巨大的军事胜利只不过在草原上造成了一个短暂的权力真空，这个真空也会很快被新的，往往是更野蛮、更富有侵略性的游牧民族所填补，反而形成更大的军事威胁。

因此对于中原王朝来说，"羁縻"政策便是其对待北方草原民族的首选了。所谓"羁縻"政策便是并不寻求对整个塞外草原的直接控制，而只要确保草原存在多个相互敌对的，而不是一个强大的军事强权。即通过贸易、联姻以及与草原上较为弱小的势力联盟等手段，削弱和打击其中的最强者，使得草原上一直处于某种势力均衡状态，从而达到帝国的北方边境安全的最终目的。比如东汉时大将军窦宪在依附汉朝的南匈奴支援下击破北匈奴,在距离边塞三千里的燕然山勒石记功。但当时有人认为这不过是为了个人的功名心,却不利于国家,因为一旦没有了北匈奴的威胁,原本依附汉朝的南匈奴会势力大长,很可能会成为新的威胁。与其耗费巨大的资源远征,不如在南北匈奴中选择弱小的一方支持,让他们永远相互厮杀,这样北疆就能永保安宁。果然北匈奴被灭后,留下的真空被鲜卑填补,成为北疆的新威胁。

如果采用羁縻政策,在通常情况下,中原政权不难达到自己的目的,原因很简单:游牧部落的生产方式决定了其政治组织形式的分散和不稳定。由于其剩余产品不耐存储,而且游牧经济非常依赖气候,无法维持一个脱产的官僚机构。草原上最大规模的政治实体只能是以血缘为基础的部落,而部落的规模是有限度的,再往上就只能是变化无常的部落同盟了。一次大的雪灾或者旱灾,某个重要人物的死亡,都会导致霸权的更迭乃至整个同盟的崩溃,华夏民族的谋臣们需要做的只是谨守自己的边界,耐心等待时机即可。

但是到了北宋,形势发生了变化。由于历史的原因,大同盆地、燕山山脉南麓、华北平原的北部落入了辽帝国之手,不久后西北河套地区又崛起了西夏政权。与过去的匈奴、鲜卑、突厥等草原帝国不同的是,西夏与辽都控制了一个十分发达的灌溉农业区,因此他们的经济基础除了传统的游牧经济,还有先进的汉地农业与手工业,有充足稳定的剩余产品维持一个官僚结构,并借此来维持自己对草原各个民族的统治。西夏与辽都没有出现前面一两个开国皇帝一死,或者一次旱灾雪灾,整个帝国就分崩离析的局面,其稳定度是过往那些"纯草原帝国"所无法比拟的,其军队也得到了充足的铁制武器和盔甲。从辽之南京幽州直至宋的都城汴梁之间一马平川,唯一大的地理屏障就是黄河,而黄河在冬天是会封冻的。所以每当秋高气爽、战马肥壮之时,契丹铁骑就有可能大举南下,直扑汴梁城下。想必汴梁城中的大宋君臣对于这种头顶悬着一把达摩克利斯之剑的感觉是体会颇深的。

摆在北宋君臣面前的选择有两个:要么将防线推回到燕山山脉一线;要么迁都至虎牢乃至潼关以西,或者淮河以南,凭借其地理屏障重整防御。宋太祖也的确有迁都洛阳,然后迁到关中,利用山河之险来节约兵力的想法。但在帝国的经济重心不断向东南转移的现实下，政治中心向西北的迁徙只会造成新的危险，因为那就必须每年通过漕运向洛阳或者关中运送大量的财富，这本身就是一个巨大的麻烦；而迁都至淮河以南只会使得对黄河以北乃至河南郡县的控制减弱，一旦辽军南下情况会更糟糕。那剩下的唯一选择就是，夺回燕云十六州，恢复华夏民族的自然疆界。而开国的几次夺回燕云十六州的军事行动都失败了，北宋不得不接受与辽国并立，以河北为前沿的现实。这些军事行动失败的根本原因是什么呢？

对于几乎每一个华夏大一统帝国的执政者来说，都始终有一个关乎帝国存亡的问题——为了帝国的安全应该投入多少资源？投入资源太少会导致外敌入侵；而过度的扩张则会超过民众承受的极限，反而会破坏帝国存在的经济与政治基础。对于后世的中华天子来说，秦与隋这两个二世而亡的短命帝国便是前车之鉴。从某种意义上讲，汉武帝与唐玄宗也是很好的反面教材，两人在位时期帝国过度的扩张或者耗尽了国力，或者引发了内乱，导致帝国盛极转衰。

对于这个问题，北宋开国皇帝赵匡胤曾经有一个很有趣的回答。当他在位时，每消灭一个南方割据政权，便将其积蓄的金帛运到京师来，不过并没有将其放在三司使（盐铁、户部、度支三司长官，即宋的最高财政长官）管辖下的国库中，而是另外设立一个库房存放，叫作封桩库，变成自己的私房钱，每年的财政结余也放入其中。这位开国天子搞"小金库"倒不是为了自家享受，他私底下曾经与近臣说："石敬瑭将燕云十六州割让给契丹人，使当地人在中国之外，我十分怜悯他们。打算等到库房里积蓄的财物有五百万匹绢，就去和契丹人谈判，若是能够将十六州的土地人民归还，就拿这些钱作为赎金。若是他们不答应，便将这些钱作为招募勇士的费用。想来契丹精兵不过十万，以二十匹绢易一首，不过两百万便了尽。"在这位开国皇帝的眼里，战争成了一道非常简单的数学题，敌人有十万人，一颗脑袋值二十匹绢，那么只需准备两百万匹绢就能杀光敌人的士兵，自然能赢得胜利。（如果这个算法有效，也许还用不完，因为假如契丹人精兵只有十万，那绝对承受不了十万军队的损失。）

作为一个现代人，可能会觉得赵匡胤的想法荒谬可笑，只要有土地和人民，就可以有源源不断的税收，契丹人怎么会拿可以不断收税的州县来换会花完的钱呢？如果有钱买首级就能赢，那宋徽宗赵佶就不会去黄龙府坐井观天了。当时东西两路金兵全加起来也不过十六七万人，莫说是二十匹绢一颗脑袋，便是三十匹绢、四十匹绢一颗脑袋，徽宗钦宗父子俩搜罗东京城内的财货也能把城外十几万金兵的脑袋全买下来。这两位虽然有各种各样的缺点，但可不是那种小气到赏钱都不肯给的主。宋太祖在历史上诸位开国皇帝里可能不是最能打的，但他不但是行伍出身，还出身军营之中，祖辈便是吃粮饷的，生活的五代更是数得着的乱世，可谓是"生下来就识兵戈，长成后持弓弩"的主。像这样一个丘八天子在战争方面又怎么会说出外行话来呢？

如果深入了解一下当时的情况，就会明白赵匡胤此言是有其特殊历史背景的。与绝大多数民族一样，从先古至西汉末年，中华大地上各国基本实行全民兵役制度。简单来说，就是所有的全权公民（非贱民，非奴婢）都要在农闲季节接受军事训练，和平时期有轮番京师宿卫天子和去边疆戍守的义务，一般是数年一次；在战争时期官府则根据户籍征发兵员出征，士兵不但没有军饷（就算有也是象征性的，仅够士兵本人衣食所需，无法弥补出征给士兵家庭经济带来的损失），有的甚至还要自备口粮，国家只要出装备，甚至像环首刀、弓箭等比较简单的武器士兵还会自备。所以在史书上可以看到韩信驱市人为兵，就能摧破三齐；七国之乱时吴王将境内十四以上、六十以下所有男子都征发从军，转眼就有三十万大军，天下震动；汉武帝发天下赘婿、商贾、罪犯从军击大宛，在李广利那种废材将军的指挥下照样灭了大宛。显然这种临时动员起来的并非后世那种纯粹靠数量取胜的乌合之众，而是知进退、听号令的经制之师。而且士兵也无需发放军饷，一般来说用爵位（可以免除劳役，免罪，荣誉，分发田宅等）、战利品或者其他方式给予象征性的报酬。只要你不怕有后遗症，又有足够的武器，甚至可以把控制范围内的成年男丁甚至壮妇全部动员进军队里。

看起来这种制度很完美，军队有战斗力，数量又多，花钱又少，而且打仗才征集，不打就解散，不用担心出现一堆兵为将有的军阀头子来造反。但这种制度有一个前提——那就是必须有大量的自耕农和小地主做兵源，国家还要有足够的空闲土地作为爵位对应的田宅。卖身为奴的奴婢和流民根本就不在官府的户籍内，自然没法动员，就算强行征入军中，由于没有自己的财产，也没有动力打仗。而在一个允许土地自由买卖的市场经济条件下，除非有外来力量的干涉，土地总是不断向大土地所有者集中，因此到了西汉末年，原有的全民兵役制度无法运行下去。摆在当时的统治者面前有两个选择：要么改变现有的兵役制度，要么扭转土地兼并的势头。

王莽做出第二个选择，他以托古改制的名义，禁止土地与奴婢的买卖，并将盐、铁、酒、铸钱、山泽开发这些资源收归国有，以限制豪强地主兼并土地的财力。在后世的史书里，这个篡夺大汉基业的奸雄不啻是伪君子和暴君的混合体；而在现代人看来，此人的所作所为无异于开历史的倒车。但实际上在当时，王莽的想法在知识分子群体中，是有相当代表性的，土地兼并和流民已经成了这个伟大帝国的痼疾，在各个阶层都有许多人希望通过"复古"来让帝国重新焕发青春。

但是王莽的做法触犯了豪强地主阶层的利益，由于执行方法错误，平民也没有从中获得好处，因此王莽政权很快就在敌方豪强与农民起义军的双重打击下覆灭了。依靠豪强地主支持上台的汉光武帝吸取了王莽失败的教训，没有企图通过禁止土地和奴婢买卖的方式禁止豪强兼并土地，建立庄园。因此他不得不废除了过去的郡国兵制度，郡县不再有秋后讲武，因为已经没有那么多自耕农兵员了，地主豪强可不愿意把自己的奴婢拿出来给国家当兵。而军队也渐渐私人化、蛮族化，其中坚成了将领的私人卫队，部曲一词也就应运而生。东汉末年群雄四起，各方豪强都以自己的部曲作为军队的核心。为确保兵源充足，曹、孙、刘三家都或多或少地采用了世兵制度，即军人的户籍与普通民众分离，专门设立兵户世代从军来确保兵源。其后的晋、宋、齐、梁、陈基本都是世兵制，而北朝基本都是入侵的北方蛮族建立，一般都是本族当兵，汉人务农，采取的是部落兵役制度。

但无论是部落兵制还是世兵制都有同样的一个问题——军队很快就有私人化的倾向。部落兵制本身就限制了兵源的数量，不管你的帝国有多少人口、多少土地,但可信赖的兵源只有本族的男丁,而仆从军是你潜在的威胁。和敌人交战不但要消灭敌人,最好还顺便把那些仆从军也消耗掉,一旦本族军队被削弱到不足以镇压仆从军,就会引发一场新的战争。更重要的是,部落兵制往往以部落原先的血缘关系作为联系士兵的纽带,而各部酋长就是天生的将领,对本部部民组成的军队有极大的影响力,这对皇权是极大的威胁。因此蛮族帝国上层的政治冲突往往不会限制在宫廷之中,而是转化为残酷的内战。一旦有限的本族兵员在内战中消耗掉,帝国就会被心怀怨恨的仆从军和汉人豪强所推翻。而随着汉化程度的加深,联系部民与首领间的血缘关系会渐渐松弛,虽然发生内战的可能性会减小,但部民之间的凝聚力也就降低了,军队的威力不复存在,于是旧的蛮族被新的蛮族所取代,是以当时有"胡人无百年之运"的说法。世兵制就更糟糕了,这种制度本来就出自部曲制,所谓部曲与将领有着很深的人身依附关系,因此南朝中央与藩镇的内战简直是司空见惯。而且世兵制下,士兵说白了就是将领的宾客僮仆,战时打仗,和平时要为将领服役劳作,生活困苦不堪,又是世代从军,士兵无法改变自己和后代的命运。良民视当兵为畏途,逃亡的情况极为严重,因此几乎南朝每个朝代都有解放豪强童仆补充兵户的法令,但结果往往是不了了之,兵源问题始终无法解决。

因此,从北魏开始,有识之士就做出了新的尝试,即采用土地国家所有制,限制豪强无限制兼并土地,宣布空闲土地为国家所有,将其按照丁口的数量平均分配给农户,禁止私下买卖土地,用这种办法将人口从豪强手中解放出来(由三长制取代督护宗主制),从而从自耕农中获得兵源和税源。其后的北周与北齐乃至随后的隋唐,都普遍采取国家计口授田给农民——农民缴纳税负,承担劳役和兵役的制度,从小地主和富裕自耕农中组建军队,这也是北朝最终能够压倒南朝统一中国和隋唐前期强盛军力的根本原因。在土地制度这个问题上,历史走了一个轮回。

但是从唐武周后期开始,建立在国家授田制度上的租庸调制度就开始逐渐被破坏,分配给农民的国有土地被兼并,政府也拿不出新的土地来授予新增长的丁口,建立在其上的府兵制度成了空中楼阁,再也无法提供足够的兵源，军制实际上已经逐渐向募兵制度转移。唐德宗时的两税法的出现更是承认了国有土地买卖的合法，这实际上标志着唐政府已经彻底放弃了传统的从小地主和自耕农中征集士兵，采取完全从失业农民中募集士兵的办法。由于安史之乱后，唐的中部和北部出现了大量的相互对峙的藩镇，战争呈现出长期化、常态化的局面，因此在唐中央和各个藩镇内部渐渐出现了一个世代从军，依靠军饷和赏赐为生的流氓无产者阶层，他们没有田产，也不愿意成为自耕自食缴纳赋税承担劳役的农民，但是拥有丰富的军事经验。对于这个阶层来说，国家的分裂和频繁的战争是所希冀的事，因为分立的局面意味着更多的"就业机会"。而无论是中央政府还是各个藩镇，每一个当权者都必须用丰厚的赏赐满足士兵们的欲望，否则他很快就会被不满的士兵杀死。从某种意义来说，唐军是中国历史上第一批雇佣兵。对于他们来说，忠诚与薪饷和赏赐挂钩，战斗力和上司的慷慨程度成正比。这种军队对敌人和己方一样危险，不管多么优秀的将领，只要发不出军饷和赏赐，不要说克敌制胜，不被手下的将卒反噬就不错了。从唐代中后期到五代，因为金钱问题死于手下兵变的镇将不计其数，便是天子也无法幸免。如唐贞元二年，关中战乱，唐德宗逃出长安，连禁军都发不出饷了。幸好韩滉运米到陕州，唐德宗闻讯，狂喜地告太子："吾父子得生矣！"发不出饷的大唐天子也是要掉脑袋的。

　　看到这里，赵匡胤先前那番话就不难理解了，封桩库相当于皇帝的私房钱，类似于今天政府的"预算外资金"，用来支付伐辽战争的开支肯定不够，但如果支付士卒将吏的赏金就相当可观，而且还可以用来收买那些利欲熏心的燕云豪强，达到不战而胜的目的。他说的五匹绢一颗首级大概就是当时军中赏赐行情，而北宋初年前承五代，战争已经持续了数十年，娴于武事的无产者应有尽有，只要有钱，军队就不是问题。辽国虽然强大，但毕竟本族不过契丹与奚两族，如果损失二十万士卒，那离灭族也就是一步之遥了。而南方诸国的平定，使得北宋的财力大增，眼看随着封桩库里的财帛不断增加，恢复幽燕不过是时间的问题。

　　但历史上北宋开国的伐辽战争却失败了，那又是为什么呢？

原因很简单,赵匡胤没有意识到,即将开始的与辽国进行的战争,与他过去经历的那些国内其他藩镇进行的完全是另外一种性质的战争,他现有的军队是以赢得与藩镇内战而建立的。就好比说让一个优秀的短跑运动员去参加马拉松比赛,自然成绩好不到哪里去。

宋军雇佣军的性质决定了速决战才是他的长项。在五代乃至北宋开国的绝大部分战争中,没有长达数年的围城战,也没有长时间的垒筑工事消耗战,基本都是分兵合进,进行一两次大的野战,就分出胜负了,失败的一方就开城投降了。后蜀花蕊夫人的名句"十四万人齐解甲,更无一人是男儿"便是一个很好的例证。明明成都城防坚固,有充足的物资和几乎完好的军队,但后蜀皇帝孟昶还是乖乖地开城投降。原因很简单,因为城内的蜀军是依靠军饷过活、没有田产的无产者组成的雇佣军,这种军队是为了赏金和薪饷而战。假如觉得形势对己方不利,就会解甲投降,反正也只是换一身衣服而已,说不定新主人还会发一笔安家费。那位倒霉的后蜀皇帝有相当的可能性是被手下逼着投降的。同时,这种军队如果赢得了一次大的会战,在短时间内也就不堪使用了,因为得不到丰厚的战利品和赏赐,士兵们就会有怨气,甚至发生兵变;而如果给予丰厚的封赏,士兵们又会贪恋已经得到的财物子女,想着回家享受,无心再战。他们就好像猎人豢养的恶犬一样,如果不给他吃饱就会反噬主人,如果吃得太饱了又只想躺下休息,无心继续追捕猎物。

因此,北宋初年对幽州发起的第一次进攻采用的冒险主义策略就不难理解了。对于公元979年北宋第一次伐辽,很多人在事后认为,宋太宗在消灭北汉后应该先犒赏三军,休养士卒然后再进攻幽州。但却没有想到依照当时的形势,如果犒赏士卒,薄则有怨望之心,厚则惜命不敢战。宋灭北汉正是当年的五月,发动进攻幽州时是六月,此时夏粮刚刚收割,田地里有青苗,秋收是九月的事情,只要战争不持续到九月份以后,沿途的州县乡村里有刚刚收割的夏粮可以掠夺,战马可以吃田里的青苗,既不用动员大批民夫转运粮草,又不用害怕辽军利用其骑兵优势切断宋军的补给线。而七八月对于习惯了草原上凉爽天气的辽军太热,很容易发生疫病,又有雨水,对依赖弓箭骑射的辽军十分不利。

更重要的是,宋灭北汉后,辽肯定会意识到下一个目标就是幽州,一定会加强幽州的城防,更换不信任的将领。如果宋太宗大赏士卒,休憩三军,那发起进攻的时间恐怕就要拖到当年八九月份了,那时辽军城池已坚固,又是秋高马肥之时,很可能辽军会先发制人。由于河北一线无险可守,辽军骑兵又占绝对优势,局势对宋军会更加不利。宋太宗选择连续作战进攻幽州的策略是有其缘由的。

如果从纯粹军事的角度上看,对幽州较好的进攻方略有两种:第一,分兵两路,一路从太原出发,向北出雁门,进攻辽之西京,夺取山后诸州,同时以东路偏师出镇州牵制辽军的南京道。因为西京道的地形较为崎岖,利于步兵的行动,只要夺取了山后诸州,幽州就陷入了西北、南面两路夹击的窘态,实际上已经不可守,辽军只有全力夺回西京,攻守之势互易,即使战事不利,由于太原外围地势险要,也不难抵御辽军的追击。第二,主力进攻幽州,但并不急于围攻幽州城,而是占据外围据点,修筑长围,隔绝内外,把主要精力用在打击辽的援兵上,这样宋军有工事可以凭借,战况更为有利。幽州虽然是辽的南京,但其政治和军事中心却是在辽主游迁不定的宫帐,要攻击幽州就必然要面对辽之宫帐军的援兵。在无法同时攻取幽州和封锁燕山山脉主要通道的情况下,争取与辽军主力最好的交战形势是较好的选择。以上两种策略虽好,但都会有战事拖入持久化的可能,这是当时的北宋军队成分决定了无法执行的。

军制及其演变

在理论上,北宋的军队分成三大部分:禁军、厢军、乡兵;另外还有蕃兵,主要是由边境地区依附宋朝的少数民族组成,其编练方式、组织方式与乡兵相似,可以认为是乡兵的一部分。厢军实际上只是承担劳役的老弱,一般并不负担战斗任务。而乡兵与蕃兵并非常设兵,通常是在有边患或者盗匪横行的地区才临时编制,当战事结束便会撤销,禁军才是宋军的主力。

禁军,顾名思义便是禁中之军,即天子的卫兵,其最主要的任务就是守卫京师,征伐四方,用现代的军事术语就是首都卫戍区和机动野战部队。禁军由殿前司、侍卫司两司分别掌管,而侍卫司又分为侍卫马军司、侍卫步军司,是以又称之为"三衙",其长官称之为"衙帅"。三衙理论上是平等的,没有相互统率的关系,以防止出现威胁皇权的军阀存在。但习惯上殿前司的地位要更高一点,所以北宋最高的军事长官往往被称为"殿帅",即殿前司的长官。三衙分统马步军,负责军队的训练、番卫戍守、升迁赏罚;而主要由文官组成的枢密院主管军政与军令;出征时一般不由三衙将帅统兵,而由天子临时任命其他官员担任帅臣;打完仗后军队回归三衙掌管,帅臣回归本职。简单说就是枢密掌握兵籍、虎符;三衙管诸军;帅臣主兵柄,相互牵制,谁也威胁不了天子。

禁军中担任天子扈从近卫及仪仗队的被称为"班直",由殿前司统辖,由专门挑选出来的武艺超群之人担任;稍微差一些的由御前忠佐军头司、皇城司(掌管禁中宫城安全)、骐骥院(掌管皇家车马)分别统辖;其他的主要屯扎在京师周围,在外的要么是屯扎应敌,要么是为了就粮。禁军的士兵是各州从州军中选拔精壮送到京中组成。为确保禁军中士兵的质量,开始是派出精壮的士兵作为样板,后来则是送一根作为标准的木棍,散发到各州作为标准,各州的官员根据标准招募壮丁,然后加以操练后送到京师。招募士兵的来源有普通人、有军人子弟、有饥民、有罪犯,不一而足,但大体来说是从无业游民中招募士兵,强健高大的当禁军,身材矮小瘦弱的当厢军,而并非汉唐时的自耕农和小地主,因为这样可以减少对农业生产的破坏,同时也能给无业游民提供就业机会。

为了确保军队的战斗力,北宋采取对军队定期或者不定期地拣选,骁勇强壮的升其籍,而老弱怯懦的降低军种或者级别、退为剩员,或者干脆开除军籍。大体来说,北宋军队升迁是从厢军升为禁军,禁军升为上军(捧日、天武、龙卫、神卫上四军,是禁军中的精锐),上军升为班直。为了确保不被舞弊,以上四种升迁,天子必须亲自到场。

为了防止出现五代时的那种乱军犯上的局面,宋太祖在军中设立

宋 | 155

了阶级法与更戍法。所谓阶级法便是在军中设置各种级别的军官,各级军官各司其职,并对下级有生杀大权,使得下级不敢犯上。而更戍法则是除了殿前司与捧日、天武两军外,其余各军都必须定期更换戍守区域。其目的有二:让士兵熟悉道路,习惯迁徙劳苦;驻军也无法与当地官员勾结,形成割据势力。不过更戍法的结果是士兵每到一地便水土不服,因为迁徙又穷苦不堪,将领对手下士兵不清楚情况,严重地影响了军队的战斗力,到北宋神宗便废除了。另外,北宋对士兵还设立了许多禁条,打架、酗酒、敛财、逃跑、偷盗、私造军械、私传武艺、私自结义这些就不用说了,还有许多饮食服饰方面的戒条,比如禁军士兵不得穿黑衣,只能穿褐衣,且下襟不得过膝盖;葱蒜不能进军营;营在城东的士兵,必须去城西领取粮饷,而且必须自己领取背负回家,不得由他人代领或者用车马,使得禁军始终保持战斗力。

厢军,本为五代时各州的藩镇军,自宋太祖始,为了削弱地方割据势力,便从各州镇军中选拔强壮精勇的士卒到汴梁,组成禁军,只留下老弱,留下的厢军实际上只承担劳役的责任。不过到了仁宗庆历年间,开始对厢军加以训练和检阅,称之为教阅厢军,神宗时将一部分教阅厢军升为禁军,其余的作为杂役兵。

乡兵,虽然宋采取的主要为募兵制度,但北宋的统治者们从没有放弃过恢复兵农合一的军制的企图。除了受过严格儒家教育的士大夫与天子对井田制度本能的崇拜以外,最主要有以下两个原因:第一,北宋与辽议和后,主要边患为西北的西夏,根据北宋制度,禁军家小在京师附近,士兵从汴梁前往千里之外的陕西、宁夏、山西等地戍守交战,水土不服,耗费巨大,又是客军,远不如当地的乡兵有为守卫乡土妻子死战的决心。第二,禁军花费太大了,以北宋早期为例,禁军一个普通士卒月俸在一千到三百钱之间,另外还有口粮,春冬有赐衣,每三岁大祀,天子有赐赉,有优赐。每年寒食、端午、冬至之时,有特支奖赏。若是边戍之人每季加给银、鞋子;在邠、宁、环、庆缘边气候寒冷,干旱少水,难以弄到柴火的,两月一给薪水钱,赐絮襦裤;外出服役的,每季给钱。戍岭南者,要增月俸;自川、广戍返还者,另外给予置装费用。更坑爹的是将领官僚在其间上下其手,这些钱还不知道能有多少能花在士兵身上。

而乡兵平时无需耗费,只要在战事期间给予口粮赏赐即可。所以在北宋中期之后,乡兵大盛,河北、河东有神锐、忠勇、强壮,河北有忠顺、强人,陕西有保毅、砦户、强人、强人弓手,河东、陕西有弓箭手,河北东、陕西有义勇,麟州有义兵,川陕有土丁、壮丁,荆湖南、北有弩手、土丁,广南东、西有枪手、土丁,邕州有溪洞壮丁、土丁,广南东、西有壮丁。尤其是西北边疆地区,很大程度上承担了前沿守备的责任。

蕃兵主要是宋与西夏边境地区的羌胡部落,宋给予其部落头领官职、钱粮、土地,以部落为单位组成军队,一般用作前哨部队,他们熟悉边情,士兵与军官又是本族,有很强的战斗力。

南宋虽然基本沿袭了北宋的兵制,禁军、厢军、乡兵等名称依旧存在,但蕃兵则因为失去西北五路而不复存在,而禁军已经为新的驻屯大军制度所替代。可以这么说,整个南宋的军事制度变迁史,就是从南宋初年连绵战争带来的将帅地位上升到恢复以文制武的传统制度的过程。宋高宗于建炎元年登基后,便踢开枢密使与三衙门,建立御营司,以宰相执政分别担任正、副使,下设各军都统制,分领各军,这些都统制都是武将,有着独立的军事指挥权。直到建炎四年才废除御营司,将各军重新归枢密院领导。但各驻屯大军依旧由身为武将的都统制、统制、统领指挥,这些驻屯大军的都统制往往还身兼所在路的宣抚使、营田使,集军权、民政权、财权于一身,已经具备了藩镇的雏形;宋孝宗年间,才派出以文臣担任的制置使、安抚制置使来到驻屯大军中担任监军的任务,分去了民政权和财政权,不过武将的权力依旧很大。直到开禧北伐后,文官担任的监军才压倒武将担任的都统制,成为实际的统兵官,统制司实际上已经成为制置司一个下属,负责军队平时的管理、训练以及具体战役的实施。

战　　略

以靖康为分界线,宋采用了两种不同的防御策略:弹性防御与分区防御。

北宋的主要敌人辽与金的主要控制区域几乎是重合的,其对北宋的进攻策略也大体相同,北军进攻的发起点主要有两个：1. 位于大同盆地的辽之西京云州,从那里向南经过雁门关便可进入汾河谷地进攻山西的中心城市晋阳,占领晋阳后要么向西占领河东,直逼黄河威胁陕西,牵制西军东援;要么通过太行八陉中井陉口进攻冀中或者通过轵关进攻河内,进而渡河占领洛阳,切断西军东援的道路进攻汴京。因为西夏的缘故,北宋最有战斗力的军队集中在陕西五路,其西路军的任务之一便是为了牵制太行山以西的宋军主力,使其无法打击从河北平原南下的辽军侧翼或者东援汴京。2. 辽之南京幽州,径直向北进攻汴京,由于从幽州直到北宋的汴梁是一块无险可守的大平原,虽然有一些东西流向的河流(比如白沟、漳河等),但普遍流量很小,冬季又会封冻,并非难以克服的地理障碍,其东路军面前可谓是一片坦途,通常是北军的主力。

毫无疑问,在平旷的华北平原上对抗以骑兵为主的辽军的最好办法就是拥有一支强大的骑兵,采取攻势防御,使战场位于敌人的领土上,以减少损失。但由于丧失了代北、西北等传统的农牧混合地区的同时,北宋也失去了最大的战马来源,加之人口繁盛,经济发展,原有的内地马场也变成了收益更高的农田与桑园,其现有的资源无法组织一支能与辽帝国匹敌的骑兵部队,宋军实际上是一支以弓弩手和步兵为主的军队,其机动性低于辽军。基于现有的情况,宋军不得不采用了弹性防御的战略。

在通常情况下,一个全盛时期的中原政权对待草原民族入侵的防线有三道：1. 控制阴山诸隘口的军镇以及漠南草原依附于中原政权的藩属部落;2. 建立于燕山山脉险要地势上的烽燧与前沿据点,通常这些据点用烽火和道路与后方联系起来,有少量的驻军,他们的任务是搜集情报,在受到突袭时将敌军的数量和方向迅速报知后方,如果可能的话袭击敌人脆弱的后勤纵队;3. 位于山南地区交通重要节点,存贮着大量军需物资,既可以作为后方大军进攻基地、也可以作为长期屯守据点的军事据点。小规模的草原民族入侵,第一和第二道防线一般就能轻而易举地解决掉,即使是大规模的入侵,朝廷也可以通过藩属部落和前沿据点及时,判明敌军的主要进攻方向,投入兵力的多少,从而有充裕的时间动员军队,并将其集中到正确的方向阻击乃至歼灭敌军。但不幸的是,北宋的河北前线既没有藩属部落,也没有可供设置烽燧和前沿据点的险要地势,"三关四镇"(北宋北方防线的几个重镇,即高阳、凡桥、益津三关,太原、中山、河间、真定四镇)几乎赤裸裸地暴露在辽军的兵锋之下。黄河以北的河北州郡可能是北宋经济最繁荣的地区之一,人口稠密,经济繁荣,无法实施坚壁清野的战略。一旦北军南下,完全可以因粮于敌,后勤负担很小,进军速度极快,宋军不要说完成动员,就连判断敌军主要进攻方向的余暇恐怕都没有。

从军事学上,进攻一方本来就占有主动的优势,他可以选择敌方防线上任意一点加以攻击,而防守一方却必须处处留意。而辽军几乎全部由骑兵组成,其机动性更非步骑混合部队的宋军所能比拟。因此作为防御的一方,宋军最重要的就是判明其主要进攻方向,并通过内线预备队的机动形成对己方有利的形势。

因此,当辽军南下时,宋军在河北几个重镇如中山、河间、真定的驻军的主要任务并不是阻截敌军的南下,而是控制要点,打击分散开去搜集补给的小股敌军和后勤纵队,减缓敌军的推进速度,为己方的外线军团提供补给与作战基地。而屯扎在都城汴梁的宋军内线兵团则利用这段时间完成动员和准备,判明敌军的主要前进方向,进行机动迫使敌人对峙。这点从宋军兵力的配置也不难看出,在北宋早期河北军前沿几个大的重镇驻军中少有骑兵,最多的是守城时重要的弓弩手,而最主要的野战兵团(班直、禁军中的上四军)集结在以汴梁为中心的周边地区。因为辽军南下的进攻选择虽然很多,但随着战事的发展,局势也会逐渐明朗化,只要辽军没有能拿下前线的要点,就必须留下相当的兵力警备侧翼与背后。辽军中大量的战马与驼畜在给其带来机动性的同时,也使得辽军无法在一处长期屯扎,因为相比起人,牲口消耗的饲料要多得多,一支以骑兵为主的大军除非不断机动,否则会很快将当地的草料粮秣消耗一空。只要宋军能够对辽军进攻路线做出正确的判断,并迫使敌军与己方进入对峙,那形势就会逐渐变得对宋军有利。

而南宋的核心在于三吴地区(今天的苏南以及浙江),在其领土的东南,与其最西端的川陕有万里之遥,联通的最重要通道便是东西流向的长江。而他的敌人(金、蒙古)的进攻发起点之间,有淮河、长江两条东西流向的大江。对于南宋来说敌人直接攻击杭州并不可怕,因为淮河和长江对于从北而来的敌人是难以逾越的地理屏障,长江与淮河上的大的渡口只有少数几个,淮东不过楚州、广陵、镇江这个方向,淮西不过寿州、历阳、当涂这个方向,宋军只要控制了这几个要点,北来的敌军就没有大碍。即使北军万一越过长江,荆襄、四川等中上游的宋军也可以通过长江顺流而下,攻击北军的后路和侧翼,北军也无法控制三吴地区。典型的战例就是黄天荡之战。南宋初年金军渡江攻占了临安,获得了大批的战利品,却被韩世忠统领的水军阻截在长江以南,损失惨重,险些无法渡江。

因此对于南宋来说,最危险的并非直接由北向南对三吴地区的进攻,而是对于川陕、荆襄地区的进攻,因为这两个区域位于三吴的上游,东南的中枢宋军必须逆流而上才能救援。更重要的是,两淮作为三吴地区的屏障,一般来说宋军很难抽调太多的兵力救援荆襄和四川。一旦荆襄失守,都会导致敌人可以顺流而下,直接攻击宋的心腹,地理屏障反而成了敌人进攻的通道。历史上,南宋也是因为荆襄战区的崩溃而灭亡的。因此南宋采用了分区防御的策略,在边境地区设置了安抚使、制置使等将帅抚臣,给予其很大的独立处置权,让其主持所在区域的防御,除了非常情况下,中央只是担任协调各军区的工作,其防御重心在外。

大体来说,南宋的防御分区可以分为川陕、荆襄、淮西、淮东四个部分。根据这四个战区的地理特征,宋军采用了不同的重点防御策略。

川陕早期以控制分隔汉中与关中地区的秦岭诸通道,屏障四川为主,宋元战争前期失去阳平关之后,蒙古军进入四川已经成为定局。宋军在反攻汉中兴元失败后,只得依据山势,连山为城,以重庆为核心的防御策略据守,抗拒蒙古军的兵锋。

荆襄战区的防御重点是大别山与秦岭余脉荆山之间的缺口,即襄樊,确保荆山—汉水—大别山一线,以此来屏护江汉平原以及其后汉水淮水为骨干的机动路径,使得宋军可以凭借这条路线在各战区之间机动。

淮西与淮东的防御重点是江淮两条河流上的几个重要渡口,淮西由北向南为寿州、历阳、当涂,淮东为楚州、广陵、镇江。

宋军的编制与战术

宋军的编制方式沿袭五代,大概有队、都、指挥、军、厢五层编制。50人一队;两队为一都;五都为一指挥;五指挥为一军;十军为一厢。厢与军的指挥官是都指挥使,指挥的指挥官是指挥使与副指挥使;都的军官是军使与副兵马使(步兵是都头与副都头)。指挥是宋军的基本战术单位,为了防止出现兵为将有的局面,宋军战时的将领是临时委任的,但从指挥这个级别往下,其军官与士兵的搭配是固定的。

通常情况下,军队分散屯扎。战时则以天子临时任命的的招讨使(都部署)征调若干厢、军进行征讨。一般来说军队行军作战会被分成先锋、策先锋、殿后、前阵、主力马步军殿后这几个部分。

顾名思义,先锋部分是全军的前卫部队,策先锋是策应先锋的部队,在先锋之后列阵,这两者一般都是骑兵;前军是中军大阵之前的奇兵,散布大阵之前;殿后则为后卫部队,在中军大阵之后布置拒马阵。中军则一般会排成一个或者几个空心方阵,方阵中枪刀手居前,杂以盾牌手、标枪;阵前有拒马、大车以阻止敌军骑兵冲击;弓弩手居其后,而骑兵处于方阵之中,等待战机出击。

看到这里,读者们可能会奇怪,为何宋军将军队分为多达七个部分,尤其是前军分为先锋、策先锋、前阵,在应战时组成一个明显是防御性的空心方阵呢?这是因为宋军的主要敌人无论是辽、西夏、金还是元,在骑兵上都拥有很大的优势,尤其是辽与蒙古,其主力部队几乎全是由骑兵组成,而宋军的主力则是步兵,辽军在机动性占有优势。一般来说,在冷兵器时代,一支纯步兵或者步骑混合部队在与骑兵占有极大优势的敌军交战时,有以下几个弱点:

1. 从行军队形到作战队形的展开阶段。因为地形的限制,一般来说军队在行军时都是呈一路或者多路平行的纵队队形,这种队形的正面太狭窄,如果遭到侧击一旦被截断就首尾无法呼应,因此如果遭遇敌军必须变换成战斗队形。假如不将军队分成多个部分,之间留有一定的间隔,在紧急情况下就没有空间展开为战斗队形。而且拥有骑兵优势的一方一般来说都会拥有信息优势,可以抢先展开队形发起突袭。如果不在中军前面布置足够多、多层次的前卫部队,很可能中军还没来得及展开就遭到敌军突骑的冲击,一败涂地。更重要的是,面对据有骑兵优势的敌军,选择什么样的阵地展开队形是很有学问的。一般来说,军阵的两侧和背后最好有山脉、河流、沼泽、深谷这些难以逾越的地形作为保护,中军最好占据有一处朝向敌军方向有平缓坡地的高地,这样可以居高临下,既利于发挥弓弩手的威力也有更好的视野;要有清洁的水源,以供持久;退路要有大的地理障碍保护,等等。

2. 对于绝大多数游牧民族来说,他们军队的战术是从其游牧、狩猎生活中总结发展出来的。如果用一句话来概括他们的战术,那就是"成列不战",对于已经占据有利地形、队形整齐的敌军,他们不会贸然接战,而是采用各种手段迫使敌军处于不利的状态,在运动中消灭敌人而非硬拼。

以辽军为例子,通常情况下,会将军队分四面包围,每面骑兵分成十队,每队数百骑。第一队至敌军的阵前驰突试探,以弓箭射击,若是有利则十队齐进,若是不利则引退,第二队继续,退下的在密林荫凉处解甲休息。同时让辅兵在上风处点火焚烧以烟熏烤敌军,如此两三日,待敌军疲敝,再发起总攻。如果始终无机可乘,辽军则会主动撤退,留下伏兵准备打击敌军的追兵,袭击敌人的粮道。而宋军为了克制辽军的骑射,加大了军队中的弓手和弩手的比重。以庆历年间一次上军的检阅为例,该检阅中提到步队是五分习弩,两分习弓,三分习刀枪,弓弩手在步队中占据了十分之七的比例。有一点要注意的是,在中国古代,弩手并非只承担火力输出的任务,往往还披甲兼职短兵肉搏。其原因有两个:其一相对于弓手,弩手虽然威力大,火力猛,但是发射频率太慢,而且由于弩矢的重心位置,弩虽然破甲距离远,但实际射程比弓箭要近,所以敌军冒着箭雨冲入阵内的可能性要高得多;其二,虽然弩机的弓力远远高于弓,但由于弩可以使用腿力和腰力,对士兵的体力消耗要小得多,有足够的剩余体力用于肉搏。所以一般宋代弩手往往还配有骨朵、短矛、大棍等近战利器,用于敌方杀入阵内时的混战之用。北宋时一次在天子面前阅兵时,便在弩手队中夹杂牌手,弩手披甲佩刀,近战时与长兵间隔使用,在两翼侧后方隐藏床子弩等重武器,骑队隐藏于步队之后。演习中模拟了敌军骑兵先以骑射,然后冲击。而宋军则先以己方的步弓与强弩与敌人对射;当敌骑突击则弩手拔刀,左手持弩作为小盾牌抵挡,右手持刀,杂以长兵与敌厮杀,而骑队在后蓄养马力,等待战机。床子弩等重武器平时隐蔽不发,待紧要关头再给敌人重击,显然宋军的训练是非常有针对性的。在实战时,宋军还经常使用诈降、以弱兵在外、以软弓射箭等办法来示弱引诱敌军过早发起进攻;或者以在草场、水源投毒的办法来削弱敌军的战斗力与机动力,以此来赢得胜利。

在列阵时,步兵以队为基本单位。每一队有 50 人,每三个平日相得之人为一小队,每三小队为一中队,每五中队为一大队。以队中最为勇猛善战擅使长枪之人为旗头,再选两名傔旗紧随其后;后跟两人为引战;军校在全队之后,称之为拥队。交战之时,众人跟随旗头向前,如有观望回顾之人,拥队即拔刀斩杀,若拥队军校不向前的,后队的队将便斩杀拥队,代替其督战。这样交战之时,士卒没有侥幸逃生之心,有必死之念,往往能以少胜多。

纯队与花队的争论

在宋代历史上,朝中上下因为一个军队编组问题,曾经长时间争论过,即纯队与花队之争。这两种主张在宋代之前就有过激烈的争论,而宋代由于"武学"(这并非是武侠小说中的"武学",而是指战争指挥、武器编制等武学)的空前发达,不但武将为此争论不休,连天子本人乃至喜好兵事的文臣也纷纷投入其中。

所谓纯队即为将使用长兵、短兵、弓弩、盾牌的士兵分别编在一个战术单位之中,而花队则是将长兵、短兵、弓弩、盾牌的士兵按照一定的比例混编在一个基本的战术单位之中。当然,任何一支军队实际都是长兵、短兵、弓弩、盾牌的有机组合,所谓纯队与花队的争论,其实是在哪一级战术单位进行不同兵种的混合的争论。这里的"队"通常是指一百人左右的战术单位。在北宋时期,花队的主张是比较占优势的,即枪手作为人肉屏障抵御敌军骑兵冲击,将橹盾旁牌摆开挡敌方箭石,而让弓弩手在后面火力输出。

为何如此呢?这是由北宋的主要对手辽与西夏的军事特点决定的。辽主要是以骑射手为主,其冲击敌阵的重骑兵与重步兵不是没有,但数量不多,花队编制下每个队都有一定的火力输出,不用担心被辽军围着射击时找到没有远射兵种的编制,逼近射击造成巨大杀伤;而西夏与宋边界多为山区,步兵都很难负荷重甲,所以弩手就可以发挥更大的作用。而但到了北宋末年,新兴的金人有相当数量可以负荷重甲的骑兵与步兵反复冲击,在前期与北宋军队的交战中经常出现北宋军队将箭矢射完了都没有能击退敌军的进攻。但敌军杀入己阵时,少量分散的枪手是无法抵御敌军集中的重装部队的,所以宋军开始改用纯队,即身披重甲的肉搏步兵与弓弩手分开编队,组成较大的肉搏战术单位,对敌人的重装部队进行反击,弓弩手集中布置在利于发挥威力的高处。

武 器 盔 甲

由于冷锻法、炒钢等冶金技术以及其他工艺的提高,加之连绵的战争需要,可以说两宋武备达到了我国冷兵器时代的顶峰,其代表作品即为神臂弓与山文铠。由于金属铠甲的工艺越发提高,两宋军队中出现了大批原先常在少数民族军队中出现的钝器、比如骨朵、杆棒、铁链杆棒、钩棒、蒜头棍、长柯斧等,相比起传统的刀剑长枪来,这些钝器对身披重甲的敌军有更好的杀伤力。

长兵:主要为长枪,其型号极多。到了北宋,原先的戈、长戟等汉族传统军器已经要么被淘汰,要么变为礼器。原因很简单,这些长柄武器由于重心在前,使用十分困难,制造也颇为复杂,戈长戟所特有的勾、横击等技巧对于披甲目标效果一般,而且在密集队形下没有使用空间,因此逐渐被长枪所替代。倒是在北宋末年出现了金兵这个喜好使用重甲步兵和骑兵的新敌人后,北宋出现了长柯斧头与长柄刀等特制的破甲兵器。

短兵:剑在军中已经彻底变为一种礼仪用具,刀也并不盛行,倒是模仿外族的短兵极为盛行,例如蒺藜、蒜头棍、骨朵、铁简、凤头斧。

盔甲:通常是用铁制的甲片连缀而成,在胸口通常有护心镜加强保护。

战例:满城之战

太平兴国四年(公元 979 年)七月,四方的夏税刚刚抵达,此时本是汴梁一年中繁盛的季节,可城中却是另外一幅景象。虽然是白天,但街上行人稀少,大多数店铺都大门紧闭,窗户也被钉死了,即使偶尔出现少数路人,也是行色匆匆,如果仔细观察还可以发现几乎每个人的脸上都带着对即将到来的大难的恐惧。

作为都城的百姓,汴梁城的居民们可能是整个帝国中消息最为灵通的一个群体了。不久前从北方传来了一个惊人的消息——就在这个月的初六,围攻幽州的北宋大军在高粱河畔与辽之大将耶律休哥率领的援兵交战。两军激战正酣时,幽州城内的守军乘机出城反击,遭到夹击的宋军大败,遗弃的粮草、器械、符印、金银不计其数,这已经是自前朝以来便未有过的大败了。不过相比起在私底下流传的另外一个消息来,这场败仗就算不得什么了。

"亲自督领诸军围攻幽州的今上(即太宗皇帝赵光义)下落不明,可能已经死于乱军之中,在外诸军的将领们打算拥立太祖之子武功郡王赵德芳即位。"大军入城拥立新帝对于汴梁人来说可不是啥新鲜事,如果某个汴梁人足够长寿的话,从公元 923 年后唐庄宗攻进汴梁算起,他至少可以看到六位类似幸运儿了(当然从某种角度讲也是不幸者)。每一次新帝登基都往往伴随着数天士兵对城中百姓乃至前朝显贵的公开劫掠,而新登基的皇帝往往会对此视而不见,俨然将这作为士兵们拥立自己的大功报酬中的一部分。某些阴谋论者已经将不久前太祖皇帝的突然死亡,今上在幽州城下的惨败以及接下来军队拥立太祖皇帝之子武功郡王赵德芳为帝这三者联系了起来。与先前两位天子不同,那位武功郡王既没有自己军政方面的现成班底,又没有足够的经验,很难想象他有能力控制那些将他推上宝座的武人们。莫非这刚刚传承了两代的赵宋皇朝就像先前后唐、后晋、汉、周那样又是一个短命王朝?

幸运的是,汴梁人最担心的局面没有出现。几天后,从宫中传来了新的消息,官家已经回到宫中,外军也屯留在镇州一线,抵御辽军可能南下的进攻,没有回京的动向,汴梁的人心才渐渐安定了下来。而那位传闻中被诸军作为拥立对象的太祖之子,武功郡王赵德芳不久后也因故自杀了。惊魂未定的赵光义不久后更换了不少禁军将帅,将自己的亲信如信傅潜、王超、柴禹锡、赵镕、张逊、杨守一更替原有的宿将,显然是为了加强自己对军队的控制,以免类似的情况再次发生。

如果我们将时间的指针调回到太平兴国四年(公元979年)的正月,将会发现命运是多么无常。在经过四年的准备后,赵光义向群臣宣布,自己即将亲自统兵出征敌国北汉。

对于这个决定,群臣们并不意外,毕竟如果从后周算起,这已经是第三次进攻北汉了。前两次进攻分别由后周世宗柴荣与宋太祖赵匡胤指挥,皆兵临北汉都城太原城下。但周世宗时部将史超为救援北汉的契丹军诱敌深入所败,军心动荡,不得不撤兵;而宋太祖时则因为围城时军中生了疫病,不得不退兵。俗话说"事不过三",此时的赵光义已经踌躇满志,一定要完成兄长未能完成的大业。

宋军这次的行动十分顺利,迅速完成了对太原的包围,最重要的是宋军在名将郭进的指挥下于石岭南击败了契丹的援兵,自此太原援绝,并于当年五月攻陷太原。赵光义作《平晋赋》,遣使臣告慰宗庙,一时间意气风发。随即他力排众将的反对,不先休养赏赐有功士卒,挥师镇州,准备直取幽州,接下来便发生了刚开始的那一幕。宋军长驱直入包围幽州,与契丹援兵先胜后败,在高粱河旁损失万余人,辎重器械遗失不计其数,赵光义本人身受箭创,仅以身免,狼狈逃回汴京,却出现了在外诸将几乎拥立新君的好戏。

对于赵光义来说,接下来的几个月时间是最危险的,原因很简单。辽军解除了幽州之围后,无论是为了报复还是防止宋军次年春季再次进攻幽州,都会选择南下进攻。在游牧民族和农耕民族的交战中,初春往往是农耕民族进攻的季节,因为这个时候草原上冬天刚刚过去,新草尚未发芽,牲口没有膘,骑兵自然没有战斗力,即使不能通过会战摧毁敌人的主力,也可以迫使敌人迁徙损失大批牲畜,打击敌人的经济;而秋天却是游牧民族进攻的季节,因为秋天的牲口肥壮,又可以利用敌人田地里尚未收割的庄稼作为饲料和补给,无需担心后勤,加上华北平原的秋天土地坚实,利于骑兵驰骋;干燥少雨的天气也适合骑射手最有力的武器筋角复合弓发挥威力。所以赵光义回到汴京后便分派诸将屯守河北前线要冲,防止辽军的进攻。不过鉴于不久前诸将拥立太祖之子的事件,赵光义还是在分派兵权之上煞费苦心。在前线诸将中,崔宏进、李汉琼皆为节度使。崔翰为殿前都虞候,而担任镇州都铃辖(前敌总指挥)的刘廷翰不过是个观察使。虽然说宋初的节度使已经没有了唐代实权,但依然代表着军功和资历。这样一来,那些威望高资历深的将领不在其位,而在其位的刘廷翰因为资历和威望不够,也无法让其他人和他一起做出大事来。

九月,辽军大举南侵,以燕王韩匡嗣为都统,南府丞相耶律沙为监军,名将耶律休哥、南院大王耶律斜轸、奚王耶律抹只各领本部兵从征。为了牵制宋军河东部,辽军还有一支偏师在其大同军节度使耶律善补的指挥下入侵河东。依照辽军通常的作战行动,若是辽帝没有亲征,设置都统,其总兵力为十万上下,因此这次入侵的辽军河北方向应该为十万出头,而辽军所指的方向为宋辽河北边境线中部的满城。

宋辽河北边境乃是太行山东麓直到海边的广袤土地,由东至西大体可以分为两段:由沧州直到白沟河,这一段当时地势低洼,河流众多,宋军因势利导修建了许多水塘,并不适宜骑兵行动;而从易州、满城、遂城、保塞等一段河北中部,则地势平坦,辽军的入侵多选择这一段,此次辽军入侵的方向便是满城。

根据史料的记载,宋军对辽军的入侵做了很有针对性的情报调研工作,对辽军的主要进攻方向有很准确的判断,显然辽军的报复行动是在宋军高层的意料之中。宋军在满城主要战场所投入的总兵力大约有八万人,另外宋方的关南屯军在两军在满城正面交战时向辽军的侧后方向进逼,这支军队的数量不详,应该在一两万之间,这样算来宋军的总兵力也在十万上下。显然高粱河之战宋军虽然战败,但其禁军主力尚在。

满城古名督亢,便是荆轲刺秦王时所献地图的所在,此地多山谷,地形十分复杂,易进而难退,并不适宜骑兵作战。辽军后来列阵时背靠的便是西山坑谷,虽说这样一来避免了被宋军从背后攻击的危险,但也进退不便,这对以骑兵为主,以机动性见长的辽军来说可不是什么太好的选择。而宋军的地形就好多了,他们是夹徐河列阵,这对宋军有两个好处:其一,不用担心辽军切断水源,军队没有干渴之虞;其二,徐河虽然不是什么大河,但对于辽军来说也是一个很大的地理障碍。宋军在刘廷翰领军抢占了对岸的先头阵地后,其后的大军便可以从容展开兵力占领有利阵地,这对于大部分为步兵和弓弩手的宋军是极为重要的。而且宋军的后方地势平坦宽阔,通往镇、定两州的道路受到古燕赵长城上的己方城寨的掩护,毋庸担心辽军的抄掠。毫无疑问,宋军在满城之战在地理上是占据了优势的。

那为何辽军不在宋军防线上选择一个更适宜大规模骑兵作战的区域作为突破点呢?要知道当时契丹军已经多次进入河北,对当地的地理情况十分了解,其领军将领也并非无能之辈(耶律休哥便在不久前的高粱河之战中率领援兵击败宋太宗的大军,此人也在军中)。但如果让我们看一下两国河北前线的地势图就不难明白了。自从周世宗夺回三关之后,辽军已经无法自由进入关南地区,而易州—满城地区便形成了一个向辽方控制区域的突出部。在公元988年辽军夺回这个突出部之前,辽军是无法直接威胁宋军的徐河防线的,因为假如辽军绕过满城直接南下的话,便会将大军背后暴露在宋军重兵集团的打击之下,这在军事上是极为危险的。

辽军在占领了易州之后,继续南下。第一个赶到徐河的宋军将领为镇州都铃辖刘廷翰。如果从后世的史书和战后的封赏来看,此人应该是满城之战时宋军的前敌总指挥,但问题是在诸将中他的资历和战功并非第一,而且另外一名宋军重要将领殿前都虞侯、知定州崔翰有"便宜从事、缘边诸军并受节制、军市租储得以专用"的大权,两人的权力是有模糊冲突的地方。这在有天子在军中亲征时并无什么大碍,因为天子是天然的最高指挥官,而此时的赵光义还在汴京城中,只是留下了"契丹必来寇边,当会兵设伏夹击之,必获大捷"的指示,实际上此时的满城宋军中是没有一个切切实实的最高指挥官的,采取的是几个最高将领群议制度。

当刘廷翰领军抵达徐河之后,迅速和辽军的先头部队开始争夺桥头的战斗。在史书中对这次战斗只是一笔带过,但这次前哨战是非常重要的。因为正是刘廷翰指挥的宋军夺取了徐河上的渡桥,在徐河对岸占据了滩头阵地,才为后来的宋军赢得了展开主力、夹河而阵的时间。否则若是辽军占据桥头,那宋军就陷入了被动挨打的局面了,结果很可能就大不一样了。

次日,宋军诸将抵达徐河后,开始依照太宗皇帝赐予的阵图列阵。所谓阵图,如果用比较通俗的话来说,就是战役战术队形。在冷兵器时代,为了发挥军队的战斗力,必须将各个兵种的军队按照一定的空间秩序排列,最大限度地发挥其战斗力。阵图的种类有很多种,如果按照走向区分无非是横向与纵向两种,所谓横向即是向两翼展开兵力;而纵向则是将军队以纵轴方向梯次布置兵力。两种布阵方式各有优劣,通常来说,骑兵有优势的一方会侧重于横向布阵,因为这更容易发挥骑兵的机动优势,可以从侧面迂回包围敌军。而且横向布阵也比较容易占据控制战场要点,对军队的协同能力要求也较低,通常人数众多、成分复杂的联军都会采用横向布阵的方式。

而纵向前后布阵虽然两翼被削弱了,但是由于并非全军一开始就全面投入战斗,指挥官可以灵活地根据战况,逐次投入部队。假如战况不利,也可以在后队的掩护下退出战斗。显然宋军面对辽军时通常选择的是纵向布阵,这样虽然他们的骑兵数量较少,但可以发挥其弓弩、步兵、拒马等多方面的优势,步骑相互掩护,而且兵力较为集中,不会出现被辽军利用骑兵的机动优势,偏攻一翼,全局崩溃的状况。

按照赵光义的阵图与部署,河阳节度使崔彦进领军出黑芦堤,出长城口迂回辽军侧背,而徐河主战场的宋军将会分为八阵,其间相距百步。可是正当宋军云集,正在崔翰的指挥下按照天子阵图布阵时,辽军的大队主力亦至。当时宋军右龙武将军赵延进登高观察辽军,发现辽军声势浩大,东西亘野,不见其尾。宋军士卒看到辽军这么大的声势,而己方分为八阵,兵力分散,纷纷疑虑胆怯。赵延进见状赶忙向崔翰等人进言:"主上将边事委任给我们,为的是克敌制胜。现在敌人骑兵如此强大,而我们兵力分散,形势危急,若是被敌军乘机进攻,那该怎么办?不如将各军集中起来进攻,可以取胜,违令而取胜,岂不是胜过战败辱国吗?"

崔翰等人还在犹豫,赵延进表示万一战败自己愿意担当违诏责任。此时镇州监军、六宅使李继隆表示支持变阵,他的意见起到了决定性的作用。于是崔翰等决定变为前后两阵。

这种前后两阵是五代后期乃至宋代十分常用的阵型,按照《武经总要》记载,以总兵力为十万步骑为例,前阵为三万、后阵为两万,左右各有拐子马阵掩护,在前阵之前还有完全由骑兵组成的先锋阵和策先锋阵。但进行这么大规模的变阵需要时间,如果辽军乘机发起猛攻,很有可能打宋军一个措手不及。因此宋将采取了一个计策,即派出使者前往辽军主帅处,诈降麻痹敌人同时争取变阵的时间。

接到宋军使臣请降之后,辽军诸将意见不一致,刚刚参与过高粱河之战的耶律休哥认为宋军刚刚在前哨战中取胜,士气正盛,突然请降肯定是假,应该让士卒加强戒备。而辽军统帅韩匡嗣却不以为然。果然很快宋军就擂鼓发起猛攻,辽军被打了个措手不及。其统帅韩匡嗣更是被吓得呆了,仓促间竟然不知道该做什么。士卒赶忙丢下旗鼓逃走,败兵遭遇宋军伏兵,全军崩溃,悉数走西山,仓皇间多人跌入深谷之中。唯有耶律休哥本部保持了秩序,不但本部完整无缺,还收容了一些其他友军的败兵。战后宋军的报捷文书中说:"斩首万三百级,获三将,马万匹,俘敌数万,所获他物又十倍"!从这份报捷文书看,辽军至少损失了一半以上的兵力。

从现有的资料分析,宋军应该采用的是中央突破战术。因为宋军是夹徐河而阵,前阵在徐河之北,而后阵在徐河之南。若是后阵渡河,数万人肯定不是一时半会儿就可以做到的,对面的辽军也不会眼看着宋军渡河而不做戒备。因此宋军发动进攻的应该只是前阵的军队,数量远少于辽军。所以宋军肯定会采用中央突破战术,将有限的兵力采用密集队形直扑敌军中枢。摧毁辽军的指挥中枢,这时宋军的后阵再渡河投入战斗,扩大战果。指挥辽军偏师的耶律休哥在看到情况无法挽回,才率领本部主动离开战场,没有被卷入败兵的洪流中。否则按照史书上所写的,辽军在此战中惊慌失措,后路被断,以至于大批被挤入山谷之中,耶律休哥如何能够确保本部无失,还收容了不少败兵和器械呢?宋军将领在先前派出使臣诈降除了麻痹敌军,争取时间变阵之外,可能还有确定敌军指挥中枢的目的。因为辽军有十余万之众,又多为骑兵,排的又是横阵,东西连绵不见首尾。宋军如果没有在第一波进攻时打垮敌人的中枢,形势就会变得对其不利,毕竟宋军还有差不多一半兵力在河对岸。

随后担任迂回任务的河阳节度使崔彦进完成了迂回的任务,切断了辽军的退路,不但将大批辽军逼入山谷之中,还缴获了大量辎重。以步骑混合为主的宋军想击败辽军不难,但想要歼灭大批以骑兵为主的敌人就很困难了。这次宋军分路合进的协调是赢得大胜的必要条件。

满城之战后,河东方向的辽军偏师闻讯后迅速撤退。此战后,辽军统帅韩匡嗣几乎被处死,结果是受杖而免职;全师而还的耶律休哥则升为北院大王、总南面戍军,也就是辽国对宋方向的最高指挥官。而宋方参与此战的诸将几乎都得到了丰厚的封赏。但这次一边倒的战役并非漫长的宋辽战争的结束,仅仅是一个开始。

明

引　子

概述

　　公元1388年,明大将蓝玉领十五万大军出塞,越过瀚海,直抵北元汗帐所在捕鱼儿海(即贝加尔湖)。北元末代皇帝、大汗脱古斯帖木儿仓皇出逃,不久即为叛臣也速迭尔所杀。虽然这个弑杀大汗的也速迭尔不久后也命丧人手,但黄金家族的大纛已经轰然倒下,此后蒙古人再也没有能重新聚集在旗下,草原上的部落们又回到了成吉思汗出现前的混乱局面。公元1402年,夺取了蒙古霸权的乞儿吉斯部落的首领鬼力赤去除了"元"的国号,改称鞑靼,这标志着蒙古高原上的"天骄"们彻底放弃了重新入主中原的野望。在公元十五、十六世纪的近两百年时间里,虽然蒙古各部有过几次短暂的统一,但都是旋起旋落,没有对明王朝造成严重的威胁。

　　在接下来两百多年的时间里,明军与草原牧人们的交战互有胜败,但这些成吉思汗的子孙已经由攻城略地的大军退化为一群盗匪,他们入侵的目的并非征服,只是为了获得游牧生活无法提供的生活必需品。这种有利的形势从很大程度上是明王朝长期富有远见的外交策略的结果。北元朝廷虽然已经不复存在,但草原上继承了成吉思汗血统的黄金家族后裔还是大有人在,对于这些人来说,成吉思汗的威名无疑是一笔巨大的政治遗产。如果黄金家族的某个后裔能够重新统一草原，这笔政治遗产将使得他们很容易将短暂的霸权变成一个稳固的草原帝国，这无疑将成为明王朝的一个噩梦。

在北元汗廷覆灭后，草原大体分为两大部分，东部为蒙古本部，由以鞑靼为主，而西部则是卫拉特人所控制，卫拉特人虽然也被认为是蒙古的一支，但无论从其血脉还是活动范围与传统概念的蒙古人都相差甚远。卫拉特人的发源地为西伯利亚叶尼塞河的上游，即为蒙古史中的"林中之百姓"，从人种上讲，卫拉特人更接近中亚人种。早在元太祖忽必烈与阿里不哥争夺蒙古帝国的宝座时，卫拉特人便站在阿里不哥一边。忽必烈取胜后他们恭顺于元廷，并迁徙到大漠以西即今天的新疆一带游牧，实力逐渐强大，早在 14 世纪，就开始参与元朝内部纷争。捕鱼儿海之役后，北元汗廷不复存在，卫拉特人也加入了与鞑靼部争夺霸权的斗争中。

对于当时的明王朝来说，蒙古本部的鞑靼部是更加危险的敌人，除了地理方面的原因以外(东部蒙古更接近明之北都北京)，还有一个原因是鞑靼人正在企图与本为明朝属臣的兀良哈三卫勾结，这无疑是对明王朝的直接威胁。因此选择与卫拉特人联合打击蒙古本部便成了自然的选择。1438 年，卫拉特人的大军征服了蒙古本部，杀死了当时的大汗阿台和太师阿鲁台，依照习俗，卫拉特人又从黄金家族中挑选了一位年轻的王子作为大汗，而卫拉特人的首领脱欢成了实际的大权掌握者——太师，蒙古草原进入了瓦剌时期。

随着瓦剌的强大，他们与明王朝的关系也发生了变化，卫拉特汗脱欢也先用强迫手段迫使东察合台汗国的公主给自己的儿子也先为妻子，这样他的孙子就有了黄金家族的血脉，可以代替现在的傀儡蒙古大汗脱脱不花，成为名副其实的大汗，而不是像自己只是太师。也先继承汗位后，他于 1449 年率领瓦剌大军入侵了山西省北部大同一带，并在土木堡之战俘虏了当时的明朝皇帝。但在接下来的战斗中，瓦剌军队对北京城高耸的城墙无可奈何，不久后也先便不得不释放了被俘的明朝皇帝，并承认了明朝皇帝对自己的宗主权以换取与中原贸易的权利——这意味着也先放弃了自己之前好不容易得来的对其他蒙古部落的宗主权。很快许多其他本已臣服瓦剌的蒙古部落又重新自立,也先自己也在不久后被人刺杀身亡。

失去了像也先这样的首领,对于卫拉特人的霸权是一个沉重的打击,他与东察哈尔公主的孩子年龄尚幼,自然无法取代现任大汗的地位。继承太师职位的儿子阿马桑赤台吉即位后出兵讨伐,企图摆脱控制的东察哈尔汗国,但当他赢得胜利时,后方出了问题——那位被强迫成为也先王妃的东察哈尔公主策动她的两个儿子发动了叛乱。虽然阿马桑赤台吉击败了反叛者,但卫拉特人的势力大大削弱了,东蒙古重新陷入了混乱之中。

在这场残酷的内斗中,为数众多的黄金家族的后裔死于非命,有死于宿敌卫拉特人的屠刀的,但更多的则是死于争夺汗位对手。当满都鲁汗突然亡故时,人们才惊讶地发现当时唯一的直系继承人是一个7岁的孩子,而且还是个叛贼之子。满都鲁汗的侧室——实力雄厚的汪古部的满都海做出了一个惊人的决定,她把自己嫁给了这个七岁大的孩子,并辅立他为大汗,这便是其后重新统一蒙古本部的达延汗(即明史中的小王子)。面对这个强大的敌人,明王朝恢复了与卫拉特人联盟的传统政策。而达延汗在向明王朝发起了几次不成功的进攻后,就将主要注意力花在整合内部之上,通过贸易来获得自己必需的资源,在接下来十六世纪剩下的时间里,明王朝的北方边界上又基本恢复了平静。

北疆敌人的变化无疑对明王朝中前期的军队组织、装备、训练发生了影响,如果说从汉到宋中原王朝的军队大体上是沿着重甲化、兵器破甲化和减少弓箭、增加强弩的方向发展,从明王朝就发生了转折,军队开始轻装化,肉搏兵器中以破甲为主的钝器如骨朵、长斧等开始减少,明弓也比宋弓的强度更低,以求更好的命中率。产生以上变化的原因主要有两个:1. 从元代开始,野战中开始出现火器。为了抵御这种新的武器,无论是明军还是北元、鞑靼、瓦剌等其他军队都普遍选择使用棉甲(外罩布料,内部在要害部位有铁片的布面甲)而非过去的传统重甲,无需使用骨朵、长斧头等钝器即可造成杀伤。2. 北元在退回草原后,失去了游牧民族传统的农牧兼营区如辽东、燕云等地,而传统的手工业发达的中亚、西域等地遭到了严重的破坏,而且落在与蒙古本部敌对的卫拉特人手中,这无疑影响了蒙古军队中铁制武器的供给,使得蒙古军队的甲具出现了某种程度的倒退,这也影响了以北方草原游牧民族为传统敌人的明军的倾向。

但北疆的相对平静并不意味着边疆安定无事,从明初起,尤其是正德年间以后,东南海疆的倭寇愈演愈烈,形成了对明王朝新的威胁。虽然倭寇并不以推翻明王朝的统治、入主中原为目标,但由于两浙乃至南直隶地区是明王朝统治下经济上最为富裕的地区,倭寇的兴起直接威胁了明王朝最重要的财税来源。而东南地区长期的和平使得原有的卫所军已经废弛无用,明王朝不得不重新编练新军,一位伟大的军事理论家应运而生,那便是戚继光。

作为明朝中叶军事复兴的主要代表人物,戚继光被许多西方军事史学家认为是拿骚的莫里斯一流的人物,即中国古典步兵复兴的代表。这种说法有相当的道理,因为戚继光不但是一个第一流的指挥官,同时还是一个伟大的军事理论家。他在军事操典、军事筑垒学、军事条令等多方面都有很突出的建树。他不但从无到有建立了一支战斗力惊人的军队,还一手重新建立了明后期的北方防御体系。在他的书籍中回答了这样一个问题:如何将一大群募集来的乌合之众训练成熟练使用各种冷热兵器的职业军人,并将其编入合适的战斗序列之中,成为一支军队。这可以说是一个全新的任务。与现代社会不同,在绝大部分古代社会,几乎所有个体都是从属于某个社群之中,比如村社、城邦、家族,而脱离了社群的个体几乎是无法生存的,因此被驱逐出社群几乎是仅次于死刑的惩罚。

而古代军队往往就是武装起来的社群,因此在战场上,士兵与士兵、士兵与将领之间,有着亲属、同族、部落成员、同一个城邦的公民等其他联系,这无疑提高了军队的凝聚力和战斗力,因为士兵即使能从战场上逃脱,也无法在其后继续在原有的社群继续生活。但明代中后期的募兵制招募来的士兵就不同了。招募的主要对象是因为失去土地而流离失所的农民,他们只是作为单独的个体参加军队,获得金钱报酬是他们唯一的目的。士兵完全可以平时领军饷而在战场上丢下将领一跑了之,只要不被当场抓到,就不用担心受到惩罚,带领这样的军队赢得胜利无疑是极为困难的。

看到这里，就不难理解为何戚继光给予士兵高额的军饷和极其严格的军律了。在他的《练兵实记》与《纪效新书》之中有相当一部分章节都在记载应该如何惩罚违反军律的士兵。古代中国并非没有类似的书籍，但绝大部分这类书籍的作者都是缺乏军事实践经验的文人，在这些书籍中真理和作者的主观臆断混成一团，让人看起来不知所云。而戚继光本人是一名职业军人，有丰富的军事实践经验，因此他的著作无论是可操作性还是可阅读性都很强。直到民国，他的《纪效新书》与《练兵实记》还都出现在许多中国军人的案头。

但不幸的是，戚继光本人只是一名将军，而非拿骚的莫里斯那样是一国的执政者，他无力针对帝国政治与经济体制进行针对性的改革。因此，在支持他的重臣张居正去世之后不久，他的军事改革成果也渐渐消失了，原因很简单——没钱了。而此时，明的东北方向出现了新的敌人——建州女真的后金政权。后金政权的创立者努尔哈赤本是一名明王朝关宁军区的军官，拥有龙虎将军的军职，同时他还是一个藩属部落的酋长。他利用自己的双重身份征服了周围的其他女真部落，壮大了自身的实力。当时明刚刚在朝鲜击败了日本对其藩属国朝鲜的入侵，实力大受损失，努尔哈赤乘机发动了叛乱。相对于明帝国这个庞然大物，建州女真的力量十分有限，军事技术和组织也乏善可陈。但相对于之前的其他敌人，后金政权有四个优势：第一，他所控制的辽东地区经过明代近两百年的开发，拥有丰富的农业资源与人力资源，这是无论卫拉特人还是黄金家族都无法比拟的。第二，无论是后金东面的朝鲜还是西面的蒙古，当时都处于一种军事上软弱无力的局面（朝鲜刚刚被日本入侵，而蒙古四分五裂），而后金实际上处于内线的有利地位，于是他可以在向辽西方向扩张受阻时，可以通过向西和向东进攻这两个势力获得必要的资源维持战争。第三，无论是努尔哈赤本人还是其后的几位后继者，在军政以及外交方面都拥有相当杰出的才能，能够审时度势，采用合适的政策，不断吸收被他们打败的各方势力，将其融合在以自己为首的政治军事集团里。第四，也是最重要的一个原因，明帝国在当时陷入了深刻的经济与社会危机之中，由于土地兼并、大批自耕农与小地主破产,传统的以农业税为基础的财政体制已经无法继续维持下去,而既得利益阶层又反对伤害自身利益的改革。刚刚进行的三次大规模战争(万历三大征)使得国库空虚,明帝国不得不对以"九边"为代表的北疆野战军做一定的收缩。而东北军事上的失败迫使明帝国投入更多的资源,使得国内的经济与社会危机更加尖锐,激起了农民起义,最后导致明帝国的毁灭。后金军政集团在明帝国的毁灭中抓住了机会——入主中原。

组 织 编 制

明中前期为卫所制度,即在全国各地将一部分人划分为军籍,世代相传从军,又被称为垛集军。军队的基本单位为卫所,每卫数千人,每所数百人,分驻地方。每一家或者几家提供一名兵员,并供应该兵员的花费,这一点模仿唐朝的府兵制。在地方,设都指挥使司,简称都司,设都指挥使为地方最高军政长官。都司之下,府、县二级遍设卫所,一府设所,连县设卫。卫的长官称卫指挥使;所按照所辖人员数量的多少分为千户所与百户所,其长官分别称千户与百户,其下还有总旗(60人)、小旗(6人)等编制。各卫分统于都指挥使司,各都指挥使司又分统于中央五军都督府。

除去地方卫所之外,在京师集中了一百多卫,编为三大营,称京军,作为国家的战略力量,凡有大的出征一般是由京军执行。京军的人数在明朝前期高达50万至80万人,装备精良,以保持中央对地方的优势。

与宋时一样,明对军队实行分权管理:军队的军籍属于五军都督府管,各省有自己的都指挥使作为长官,负责平时训练组织。中央政府的兵部负责人事、参谋和调遣,一有兵事,则由兵部派出总兵官去指挥都指挥使和卫所兵作战,作战完毕则交出军权。这样,都指挥使、都督府和总兵,都无法全面控制,有指挥权的平时不和军队在一起也无固定下属,军权牢牢控制在国家机器手里,即所谓"将不专兵,兵不私将"。

但到了明代中叶,尤其是土木堡之变后,明的京军几乎全军覆灭,地方的卫所更是早已废弛,无论是地方还是京师的卫所军,战斗力都日渐低下。承担国防任务的是九边军队与部分将领募集的新军,这种新军的编制组成颇为混乱,基本根据各个将领个人的喜好,而新军中最为著名的便是戚继光建立的戚家军。

公元十六世纪中叶,无论是东方还是西方世界都几乎面临着同一个问题:随着新大陆巨额贵金属货币的输入,社会商品化程度逐步加深,原有的社会阶层结构逐渐崩坏。在过去,土地是几乎所有财富的源泉,尤其是耕地是最重要的财产,那么土地的所有者承担军役,保卫自己的财产也就是理所当然的事情了,无论在西方还是东方,农夫都被视为国家与社会的忠实捍卫者,是有益于国家的人;商人、手工业者也许比农民更加富有、经济地位更高,但在政治上却处于软弱无力的地位,在舆论看来不过是社会寄生虫罢了。

而巨额贵金属的输入使得社会商品化成为可能,金银代替粮食和布匹成为货币。一千个农夫在田园里耕作一年,所得也及不上一条商船从泉州到菲律宾的一个来回。衡量财富的标准也由土地变成了白银。但税收依然是以人头税与不动产税为主,一个拥有五十亩耕地的农夫要缴纳税收和承担劳役,而一个拥有数十万两白银的钱庄老板却不用缴纳税收。这种不公平的现象无疑会对军事制度发生巨大的影响。既然土地不再是财富主要源泉,有时候甚至成为一种累赘(比如明末的高额税收和劳役使得许多百姓抛弃土地流亡),那么自然拥有土地的人也不再成为国家的天然捍卫者,有产者们必须另外支付现金薪饷来雇佣新的保卫者。在西方是骑士和他的扈从被雇佣兵所代替,在东方则是由军户制、义务兵、部落兵变为募兵制。而无论东方还是西方,士兵的收入开始上升,社会地位和道德水准反而随之下降,变成了社会渣滓的集聚地。

戚继光面临的正是这个局面,因此在他的著作除了极为森严的法度外,从头到尾都可以看到许多苦口婆心地劝诫士兵要遵守纪律、苦练武艺、英勇厮杀、不要抢掠百姓的文字,如果只看他流传后世的兵书,这位将军看起来倒更像是一个思想政治课老师。这位多才多艺的将领甚至利用迷信的手段弥补赏罚手段的不足,声称如果他们拿了百姓供养的钱粮而不用心杀贼,就算能够逃脱军律的惩罚,也逃不过老天爷的惩罚。

毫无疑问,纪律是一支军队的必要条件,一个将领在兵书中强调纪律的重要性是很正常的,但像戚继光那样几乎在兵书中的每一章节都强调这一点却是很不正常的。这只能说明当时明军内部的纪律已经废弛到了旧办法解决不了的地步,他必须采用一切可能的办法重建纪律。不管他在《纪效新书》中如何强调最好的兵源是吃苦耐劳、皮肤黝黑、没见过世面畏惧官府的乡下人,而非见识广博、皮肤白皙、性情狡黠的城里人;但实际上再怎么没见过世面的乡下人,在军队里待上一年半载就会变成见识广博性情狡黠的兵痞。所以戚继光也承认,若是没有严苛的军律约束,即使是以淳朴敢战闻名的处州兵也只能打一次仗,第二次就不堪使用了。更重要的是,既然从军不过是一种谋生的途径而非土地所有者的责任,则绝大多数从军者必然出自被社会排斥的底层人群,因为他们一无所有,又没有谋生的技能,从军自然成了他们最好的选择。这些人从军前为正常社会排斥,从军后也没有重新返回正常社会的道路,当兵就是他们唯一的职业,杀人是唯一的技能。即使是和平时期,国家也必须养活他们,否则他们就会用抢劫来养活自己。所以从明代中后期开始直到民国,军队日益由国家的保卫者蜕变成社会的累赘,对于普通民众来说军人无异于盗匪,而普通人也视从军为畏途,国家则视军队为不得不忍受的一个肿瘤。

根据《纪效新书》的记载,戚家军中最小的编制、也是最基本的战术单位是伍,又称为队。每队有十二人,其中包括长牌手一人、藤牌手一人、狼筅手两人、长枪手四人、短兵两人、火兵(炊事兵)一人、队长一人。由于戚家军最早的作战环境是在东南地区,地势崎岖,水泊、稻田、湖泊很多,绝大部分战场都是小破碎地块,有的干脆就是山路或者田埂,火器的出现也使得密集队形不再实用,所以其战术单位必须较小而且灵活,能够独立承担各种军事任务。当时倭寇善于使用双手长刀,兼身手轻捷,擅长跳跃砍杀。明军的短兵不及其长,而长枪不及其敏捷,还经常被其砍断,士卒深受其害。而且倭寇所使用的和弓与明军所常使用的弓箭不同，其射程虽然不如明军的弓远，但箭要重得多，甚至还有月牙、铲形等箭头，在近距离可以造成很大的伤害。为了克制以上两种武器，戚继光发明了狼筅这种武器，用南方生长的老毛竹制成，长度约为3米，保留其前方的枝杈，也有用铁制的。当地形狭窄时，明军呈纵队向前，藤牌手与长牌手在最前面，其后便是两个狼筅手，再后为长枪手，最后为短兵、火兵，队长居中指挥。交战时，狼筅手以狼筅掩护藤牌手与长牌手免遭倭寇刀砍，并寻机将敌人扫倒；而藤牌手与长牌手则可以掩护身后同伴免遭弓箭与鸟铳的射击。敌人若上前砍杀，狼筅手则可用狼筅抵挡敌刃，长枪手便可乘机刺杀，藤牌手也可用标枪投掷，倒地或者近身的敌人则由短兵杀死并取首级，短兵手还携带有破坏敌人阵型的火箭，这种战斗序列便是著名的鸳鸯阵。除了单行纵队外，鸳鸯阵也可以根据战场的宽窄、敌人的多少变为两路或者三路，应付迂回的敌人，戚继光称其为三才阵或者两才阵，其要旨都是以盾牌居前掩护，狼筅在后，长枪与短兵利用前两者掩护进击。为防止出现士卒争抢首级队形散乱，长兵手、狼筅手都不允许携带解首刀。交战时队长督战，若有敢于争抢首级、私取遗弃财物、掉头逃走的，队长便割其耳朵为记，战后便斩其首级。

不难看出，戚家军这种编制并不强调个人的武勇，强调的是各个兵种相互掩护相互合作。狼筅是这个战术单位的核心，无论是盾牌手、长枪手还是短兵手都是围绕狼筅运动的，因为狼筅虽然很难直接杀死敌人，但既可以保护己方士兵的安全，又能够打乱敌方的阵型，是一种攻防一体的武器。为防止士兵们自行其是，戚继光采取了一体赏罚的措施。比如在交战时，牌手在前，狼筅等兵跟随在后，鼓声响起，牌手不进者斩牌手；牌手若进，其他人不跟进牌手阵亡者，全伍皆斩。杀敌时，每颗首级赏银三十两，最前面的牌、狼筅、枪手分银二十两，斩首兵分二两，余兵分一两，火兵虽然不上阵杀敌，但也可以分五钱，哨中的鸟铳手可分二两，余者归队长。而一伍中若有一人战死，众人未斩敌首的，则伍中人必须拿出自己的军饷作为战死者的抚恤金；死一人斩敌一人的，不赏不罚；死一人，斩敌两人的，给予一人赏金。以此类推。

大体来说,戚家军的编制是四进制的,四伍为一总、四哨为一官、四官为一哨,哨有哨长,总有把总作为指挥官。大体来说都是四个较小的单位组成一个空心方阵,官长、火器、旗帜居中。熟悉西方军事史的读者会觉得这种阵型很眼熟,显然在冷热兵器交替时代的步兵编成上,东方和西方的军事家们倒是不谋而合。

训练

戚继光在自己的《纪效新书》中,对军中实战武艺和"花架子"做了严格的区分,并严厉制止在军中练习徒支虚架、人前美观的花架子。在书中他曾经说过,阵前厮杀与民间斗殴不同,民间斗殴通常不欲杀人,因此无论是武器还是技巧都很有分寸,但战场上若是如此,那只有死路一条;战场之上队形密集,很难闪避,只有杀了对手才能求生,所以军中武艺普遍都是进攻招式,少有格挡闪避。因此在兵书中他对于训练武艺和所使用的器械,做了十分详细的规定。

长牌手:其牌必须高阔,足以遮挡到盾牌手身后的狼筅手与长枪手,长牌手的主要任务是占住地盘,所以他只有一把自卫用的腰刀,并无进攻性的武器。

藤牌手:藤牌必须要大小能够遮挡住自己,而且要轻可以舞动。另外还有腰刀一把,标枪三支,若是没有标枪的,当作没有藤牌论处。因为藤牌手的任务是冲进敌阵,假如敌人以长兵严阵以待,则先用标枪投掷,乘机冲入伤人,假如没有标枪等于只能被动挨打。测试时先让藤牌手自行舞动,务必要遮挡住自身,同时目光看着敌人,脚下不乱者合格。其次与长枪手对练,藤牌手先持标枪一支,将腰刀横在藤牌把手上,先用标枪向敌投掷,待敌人躲避时,抽刀近身杀入,使敌人不及抵挡者为上。

狼筅手,顶端须有利刃,长度不得少于一尺,四周竹枝须得竖直粗大,士兵使用时让其自己舞动,考察其步法手法。其次以长枪对练,既不为长枪引诱贸然出击,又不为长枪刺入的合格。

长枪手:十二尺长枪,枪尖要轻利、重不过一两,枪杆要稍轻、腰硬根粗。测试时先看其手法、步法、身法、进退之法。然后将一人形木靶上置五个孔洞，大约为人的目、喉、心、腰、足的位置，洞内放置木球。让测试者站在二十步外，听鼓声上前刺杀，其后看刺坏几枚木球，刺坏木球多者为佳。

刀手：能够冲入镋钯近身，狼筅不及格挡的为精熟。

镋钯手：先让其自行舞动，然后让其分别与刀手与枪手对练，看其架格枪手刀手，保护狼筅手侧背为上。

标枪手：三十步内置铜钱一枚，以标枪投掷中者为上。

鸟铳手：八十步处立五尺高、两尺阔木牌，三发一中者合格，十发七中者为精。

火箭手：与鸟铳兵一般靶子，中者为精。若是不中的，检查火箭，是火箭的问题，不责罚士兵；若是火箭好，责罚士兵。

合练：一人持长牌在左，一人持狼筅在牌右侧后，枪手短兵手依照阵型站定，先测试防御法：前面一名持枪手为假想敌。待鼓响后，敌枪手进刺，上下为长牌手抵御，左右为狼筅手拨挡，后枪手随之上前刺杀，而短兵手随之上前，待枪手招式用老，敌兵近身时替其遮挡，待锣响便恢复原状。接着测试进攻法：若敌兵有数人正面而来，长牌手只管持牌疾进，而两狼筅手左右护持，枪手随即杀出，短兵掩护，藤牌手乘势滚出杀敌，待铜锣响恢复原状。

军法禁约

作为一名世代从军的职业军人，戚继光对于各种军中私弊非常了解，因此他制定的军法对军中弊病非常有针对性，其中部分如下。

军中禁止私语，进止号令自有金鼓旗帜，便是将领本人也不得随意说话，若有命令可通过金鼓旗帜发布。若有私语者一律重处，尤其是夜间，更是要加重处罚（防止营啸）。

凡是行军征用民房居住，每一伍十二人须得住在一处，不得混杂。士兵须得携带两升用油炒熟的米面，放少量盐拌匀贴身携带，行军时若非被敌军包围的紧急时刻，不得擅自食用，若有忘记携带者一律按照遗失军器论处。

官军行军时,须得披甲戴盔手持器械,不得收束背负。若非将官允许,天热路远亦不可。

凡火器所需药绳铅子,铳手必须在出兵前一日领取,不得在临敌时假称用完索取,否则按照畏缩治罪。

放铳时,须得官长在后监督,铳手朝天胡乱放铳者,则斩。

交战时,若有战兵脱离队列割取首级者,当斩。割取首级的任务由专门的斩首队承担。战场上若有敌人遗失财物,士兵出列抢夺的,伍长就地处斩。

樵采:出外砍柴取水,三日一次,于午饭后听中军号响,打专门的旗号出行,在营外集合,返回时只能从东西两门进入,违令者处以军棍。

如厕:出营如厕时,士兵将自己的腰牌存放在营门处方可出营如厕,返回时领回自己的腰牌。夜间不可出营,在各自帐篷旁如厕,次日早上打扫,违令者责打军棍。

宵禁:天晚则中军擂鼓三通,各营便断火、禁止喧哗、断人行走,违令者责打30军棍,伍长同治;伍长有犯,上官一体责打军棍三十。

夜间通报:若夜间有报事人役,先令其在营门外二十步,喝令立定。守门人询问其衙门来历。若有书信,让其将书信丢在地上,由门外的传语人将其从门缝塞入,有令箭者方得开门。如有迁延不去,不遵禁令径闯城下的,一律射杀。

士兵无故非时出营的,一律打军棍一百,游营示众。20人以上,营官同法;10人以上,哨官同罪;3人以上,伍长同罪。

野营:若是敌人还不知晓我方宿营地,日落就必须断火,以免被敌军远望发现;夜间也不许更鼓,以传箭替代。假如与敌军对垒,夜间在营外距离壁垒二十步处点燃篝火一堆。

野战

由于江南水泊稻田多,通常道路狭窄,有的甚至只是容一人行走的田埂,因此戚家军通常以纵队或者多路纵队行军,行军中选出轻捷年少之人除去鞋袜,若是临时遇到敌兵便可跳入稻田中接敌。待接近敌军一里左右时,吹喇叭同时击鼓,战兵即按照展开,前哨为第一层,后哨为第二层,左哨为左翼,右哨为右翼。若有多余的兵力,可以作为预备队隐藏在后哨之后。如果有更多的兵力,还可以分兵从一条平行路线前进来包抄敌人。如果战场的宽度狭窄,那么每一队便按照大鸳鸯阵的展开;如果较宽,则按照三才阵或者两才阵展开,同时中军兵则在相距战场两到三里的地方扎营。

待敌军相距百步时,军中吹长声喇叭,鸟铳手开火,每长声喇叭一次,则一层鸟铳手开火;若是喇叭急吹不止,则诸层铳手齐放。待敌军至五十步时,则燃放火箭一支,各射手弓弩、火箭齐放;此时开始擂鼓,各队先前,依照牌—狼筅—长枪—短兵的次序前进,两军交锋时,持立牌之人只管前进,不许探头看敌人,以免被当面之敌人所伤,或者胆怯不前,余众只管杀敌。若是不上前,则是立牌手与队长的责任;若是队长与牌手被杀,而又未斩杀敌军,则为伍内其余士兵的责任,须得偿命。各队杀死敌兵,由后兵割取首级。第一层交战疲倦时,鼓声渐缓,待又急时,第二层上前穿过第一层接战。第一层少许修整队伍,再上前接战,如此轮番更战直到击溃敌军为止。待到将敌军逼进巢穴或者山林时,各队不得冒进,以免中了埋伏。以一队守住其出口,余众修整待机。

追击

由于当时日本正处于战国时代,来到中国的倭寇多有十分丰富的军事经验,加上身处异国,无处逃亡,因此作战意志非常坚决。在与明军交战时,即使形势不利也不会投降,而是人自为战;如果被击败,也往往一边逃走一边寻找有利的地形,隐藏其间寻机反扑。明军一开始在与倭寇的战斗中就吃了不少亏,所以往往不敢加以追击。戚继光对此总结出了经验,在击败倭寇之后,追击时每当遇到树林、人家等易于躲藏的地方,便留下一队人守住其必经的出口,其余大部队继续追击;若是遇到大的村落,则将其包围,派出小部队进村搜索,发现无倭寇后继续追击；如果遇到稻田麦田等易于躲藏之地，则留下一队士兵用长兵拍打稻田搜索，务必将其歼灭。

防御：戚继光十分强调进攻的把握性，在战况不利的情况下，他主张修筑野战工事自守。对其兵书推崇备至的曾国藩更是以"结硬寨，打呆仗"而闻名。其比较有特色的防御器械有蒺藜、软壁、竹签、飘石等。

蒺藜：即铁蒺藜，用绳子串联起来，布置在阵前，倭寇多喜赤足，脚踏上后便会将其脚板刺伤。必要时还可用粪便浸泡，使敌人伤口发炎。

软壁：以竹木搭成架子，然后用多层棉被覆盖在其上，用水浇湿，外部套上牛皮。可以阻挡敌人鸟铳。士兵可隐藏其后用鸟铳弓箭射击敌人。

竹签：用毒药或者粪便浸泡，插在营地外，阻挡敌人进攻。

飘石：以五尺长的竹子系在城头，尾部置一绳兜，里面放大石，敌军攻城时放下竹子，以石头击人，可反复使用。

火器的使用：戚继光军中主要的火器分别为鸟铳、虎蹲炮、佛郎机炮三种。所谓鸟铳幽冥鸟嘴铳，即为火绳枪。这种武器嘉靖年间从日本传入中国，由于其有照门、有准星，而且有一个机械的点火装置，射击时无需一手持柄一手燃药，只需扣动扳机将点燃的火绳落入药池即可。而且其枪托是弯曲的，可以一手前托枪身，一手后握枪柄，其准确率要高得多。加上其枪管长，子弹的穿透力很好，射程长达百步。所以鸟铳传入中国后很快就淘汰了中国原有的类似火器。由于同时土耳其的火铳传入中国，其质量较日本火铳更佳，因为土耳其被当时的中国称为鲁密，因此明时又称其为鲁密铳。当时军中已经开始使用预装弹药，将分量量好的火药倒入竹筒中封好，使用时倒入枪管，用短棍捣严，然后将铅子放入，再用短棍捣严。然后将少量火药倒入火门中，关好火门，将点燃的火绳安入龙头，瞄准后扣动扳机，即可击发。戚家军内在中前期鸟铳配置不多，在中后期尤其是前往北方后，鸟铳成了军中的重要装备，甚至达到了全军的四成。

虎蹲炮：是明军中后期经常使用的一种近距离轻型火器，可以使用霰弹，其主要杀伤目标是近距离的大批敌人。使用时将其前面两个大铁钉插入泥土中，将炮身固定，将药包放入腹中，在炮膛内部有刻度线,药包不能超过刻度线以免危险。然后在药包上放入半升铅子,再用一两颗大铅弹或者石块封口,待敌人冲至二三十步时开火。戚继光本人对鸟铳的评价是"速准而力小,难御大队"。对于十六世纪的冷热混编军队来说,最大的危险就是被敌人冲散队列,陷入混战。鸟铳虽然有精度高、射程远、威力大(相对于弓箭),但是却无法打散密集队形的冲锋,明军需要一种可以做到大面积杀伤的武器。而虎蹲炮就可以起到这种作用,它的重量只有三十六斤,可以跟随步队行进,射击装弹方便,瞄准也简单(近距离使用霰弹)。无论是倭寇还是蒙古人,其精锐都在第一波,只要将其打垮,后面的自然丧气,如果和偏厢车、软壁等野战工事结合起来更好。

佛郎机炮又称子母炮,是从葡萄牙商人传入,由于明人称葡萄牙为佛郎机,因此称其为佛郎机炮。该炮的特点就是将铅弹与发射药平时置于子炮中,射击时放入母炮炮膛中,发射后更换新的子炮,以达到更快的发射速度。但是子炮与母炮分离的结构也使得火炮的密闭性下降,射程与口径都降低了,是一种较为轻型的野战加农炮,主要用于轰击地方野营。

横屿之战

嘉靖四十一年(1562),由于袭扰浙江的倭寇接连被戚继光击败,其余部南下至福建,袭击福宁、连江、宁德等闽东地区;而从广东北来的倭寇也攻陷了玄钟所(今天的福建漳州诏安以东),进扰龙岩、大田等地。由此福建沿海北至福宁、南至漳州几乎皆受其害,位于宁德的横屿成为倭寇在福建北部的最重要巢穴。

当年秋季,戚继光率领七千军入闽,他抵达福建后,决定采取先北后南的战略,而位于福建省北部的横屿就成了戚继光的主要目标。横屿是一个位于今天宁德县漳湾东侧十里外的小岛,其岛屿西面与大陆有浅滩相连,涨潮时一片汪洋,而落潮则是一片烂泥滩。如果用水师攻打,落潮时会搁浅;用陆军攻打,则会陷入泥沼中动弹不得。倭寇占领此地后,在岛屿的高处修建望楼,在岛屿中部修建大屋长久居住,在岛屿岸边船只易于靠岸的地段修建木栅栏,控制了岛屿上的村落和主要渡口、港湾,倭寇还给予部分岛上居民小利收买人心,不服者则加以屠杀,迫使剩下的胁从,准备长久打算。倭寇选择横屿作为自己的巢穴不是偶然,虽然倭寇是跨海而来,他们更愿意选择与明军陆战而非海战。原因很简单,当时明朝对东亚世界的其他势力航海与火器技术方面都占有优势,海战时大船胜小船,大炮胜小炮,倭寇个人的武勇无处施展。

戚继光于八月初一便抵达横屿,次日便与诸将和当地父老商议。第一步自然是尽可能搜集情报,并争取胁从的百姓。在从百姓口中得到关于横屿的情报后,一个问题摆在戚继光面前:是从海上还是从陆地上进攻?

通常情况下,明军的选择都是海上,因为倭寇的船只要考虑到载运抢劫而来的人口和财物,而非海战,无论是航速还是装备的火器都无法与明军的船只比拟。但戚继光在考察过横屿的具体防御情况后,决定还是用步兵在落潮时越过泥滩直接进攻,这一来是对己方步兵素质信心;二来也是因为考虑到倭寇的防御重点是在船只利于靠岸的港口处,泥滩没有木栅栏等障碍物,这样可以避实击虚。考虑到分散倭寇注意力和封锁其逃跑路线,戚继光让水师从外海封锁了横屿。

八月初八是小潮,退潮后处处可见海滩。戚继光下令全军用事先割取的草束铺在脚下,向横屿进发。在进攻前,戚继光事先告诉士兵,此时正是落潮,一旦涨潮海水将会将泥滩全部淹没,所以众人必须戮力向前,不得回头;否则不是被潮水卷走就是被倭寇赶入海水中。当日八时许,明军开始铺草前进,戚继光亲自击鼓为令,每前进百步便休息士卒。显然戚继光在进攻前对进攻的路线,潮水的起落做了很详细的调查准备,他让士卒每前进百步便停下休息一会儿除了节约体力还有整顿队形的缘故。因为明军肯定是分多路并进,各条路线的长短也有不同,假如对其速度不做调节,就会出现有的已经抵达岛屿,有的还在半途中,被倭寇各个击破的情况。

看到明军从浅滩进攻,倭寇一开始不以为意,耻笑明军愚钝,竟然从难以跋涉的泥滩进攻,认为很快就会被海潮所冲走。但发现明军进展速度超乎他们想象后,赶忙在岸边依山列阵,企图将明军赶入海中。

不想接战后,明军背水而战,士气十分高涨,很快就击破了倭寇的阵型,依山列阵反倒使得倭寇难以逃跑,此时留在岸边的防止倭寇逃走的明军预备队也投入了战斗,很快就结束了战斗,共斩杀倭寇千余人,救回被俘男女八百余人。

尾　声

　　作为一名世代从戎的职业军人,戚继光军事改革的初衷无疑是为了增强明王朝的军事力量,抵御外敌的入侵。但从另外一个方面他也打破了自宋以来军政、军令、具体指挥相分离的规则。从唐朝中期开始,随着府兵制这一兵民合一的尝试的失败,新建立的职业化军队日益成为中央集权政府和人民的威胁,这也是酿成晚唐与五代兵祸的主要原因。为了解决这个问题,从两宋开始,中原王朝普遍采用了从中央到地方将军政、军令、具体指挥三项权力区分开来,使"将不专兵,兵不专将",虽然这么做削弱了军队的战斗力,但也使得从魏晋南北朝到五代长时间兵祸连绵的惨状成为过去。但到明朝中后期这一旧有的措施渐渐行不通了,因为随着火器的出现和军人成分的变化,指挥和训练军队也越来越专业化,而武器和士兵也变得越来越昂贵,战争变成一项外行人无法置喙的事情。如果再将军令、军政与具体指挥分离开来,其代价就会昂贵得无法接受。因此如果要进行军事近代化,就必须将原有的这三项权力重新交回军人手中,建立一个统一的军事指挥和训练机构。那么唯一拴在军队这头猛兽脖子上的皮套只有军费了,这对于一个文官政府来说,是非常大的威胁。作为东亚大陆上唯一的超级大国,明王朝和清王朝在当时都没有足以威胁他们存在的外部势力,足以迫使他们冒着破坏内部政治平衡的危险做出这种军事改革。但当两百年后列强迫使清王朝走出这一步时,同时也敲响了中央帝国的丧钟。在出现更有效、更强大的组织之前,军队成了国家的主人,在这个唯一的专业化武装集团面前,皇权、议会、商人甚至人民都成为土鸡瓦犬,就这样,中国进入了军阀的时代。

图书在版编目(CIP)数据

铜墙铁壁——古代步兵 / 章毅著. —上海：文汇出版社，2015.10
ISBN 978-7-5496-1574-2

Ⅰ.①铜… Ⅱ.①章… Ⅲ.①步兵-军队史-世界-古代-通俗读物Ⅳ.①E151-49

中国版本图书馆 CIP 数据核字(2015)第 187071 号

铜墙铁壁——古代步兵

作　　者 / 章　毅

责任编辑 / 卫　中
特约编辑 / 宋　毅
封面装帧 / 张　晋

出版发行 / 文汇出版社
　　　　　上海市威海路 755 号
　　　　　（邮政编码 200041）
经　　销 / 全国新华书店
排　　版 / 南京展望文化发展有限公司
印刷装订 / 上海新文印刷厂
版　　次 / 2015 年 10 月第 1 版
印　　次 / 2015 年 10 月第 1 次印刷
开　　本 / 640×960　1/16
字　　数 / 180 千字
印　　张 / 12.375

ISBN 978-7-5496-1574-2
定　　价 / 25.00 元